Anonymus

Der spanisch-deutsche Konflikt um die Karolinen und die Revolution in Spanien

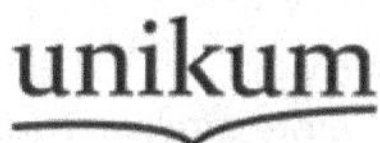

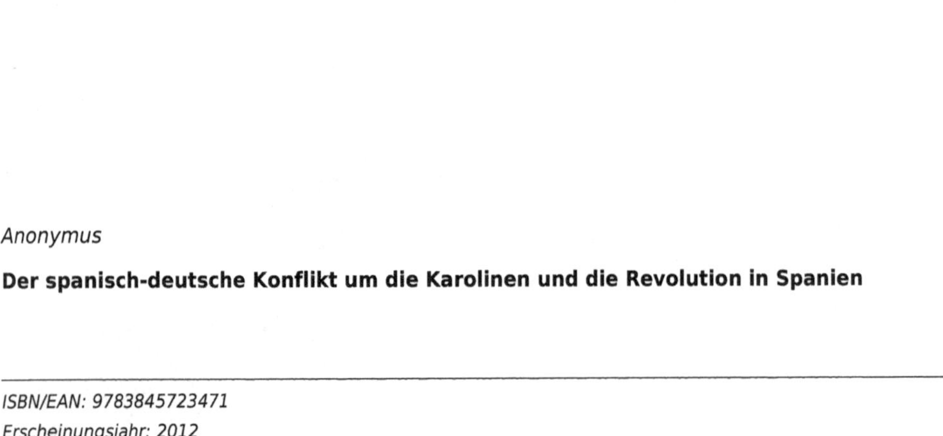

Anonymus

Der spanisch-deutsche Konflikt um die Karolinen und die Revolution in Spanien

---

ISBN/EAN: 9783845723471
Erscheinungsjahr: 2012
Erscheinungsort: Bremen, Deutschland

www.unikum-verlag.de | office@unikum-verlag.de

Anonymus

Der spanisch-deutsche Konflikt um die Karolinen und die Revolution in Spanien

Der Spanisch-Deutsche Konflikt um die Karolinen und die Revolution in Spanien.

Von *** in Madrid.

Preis 75 Pfg.

Hagen i. W.
Verlag von Hermann Risel & Co.
1885.

Obwohl das vorwiegende Interesse der politischen Welt auf die in weitem Sinne erfaßte Orientfrage gerichtet ist und Europa mit Spannung den englischen und russischen Rüstungen, sowie den Vorgängen in Egypten und in Central-Asien folgt, reifen Fragen ihrer Lösung entgegen, die ohne Zweifel für Europa von großer Bedeutung sind und einen Theil dieses Interesses in Anspruch zu nehmen verdienen. Die seit der Septemberrevolution von 1868 offene spanische Frage wird von den Vertretern der öffentlichen Meinung nicht in ihrer Bedeutung gewürdigt, was wohl vornehmlich die Folge der geographischen Isolirtheit des Landes und der Ueberfülle schwebender Fragen ist. Die Berufung eines Hohenzollern auf den Thron Spaniens und der dadurch hervorgerufene diplomatische Notenwechsel, der schließlich den Vorwand zur großen Abrechnung mit Frankreich gab, bewies, daß die Vorgänge auf der iberischen Halbinsel von der europäischen Diplomatie aufmerksam verfolgt werden.

Dieselben sind von drei Gesichtspunkten für Europa von Interesse: in erster Linie ist Spanien, Dank seiner geringen Industrie, ein wichtiges Absatzgebiet, auf welchem deutsche, englische und französische Handelsinteressen in bedeutendem Maße zur Geltung kommen und die Politik der resp. Mächte beeinflussen; dann steht Spanien an der Schwelle einer Großmachtstellung und wiegt mit seiner Armee und

Flotte in den Kombinationen des europäischen Staatenconcertes, wenn auch nicht, in Folge seiner ungeordneten inneren Verhältnisse, im Verhältniß zu den 25 Millionen seiner Bevölkerung; und schließlich ist die Frage um die Staatsform, welche seit 1868 die spanische Politik bestimmt hat, auch für Europa von außerordentlicher Wichtigkeit, da eine spanische Republik neben der französischen die lateinischen Nachbarstaaten Portugal und Italien, wo der Republikanismus tiefe Wurzeln geschlagen hat, direkt in Mitleidenschaft ziehen mußte, und nicht verfehlen kann, auf das gesammte monarchische Europa einen bedeutenden indirekten Einfluß auszuüben, und zwar dürften vitale Fragen, wie z. B. diejenige der Stellung des Vatikanes, der Regelung der Handelsbeziehungen und andere davon berührt werden.

Diese Frage, d. h. die Entscheidung des Kampfes zwischen Republik und Monarchie, was den Inhalt der spanischen Frage ausmacht, ist jetzt endlich so nahe gerückt, daß es möglich ist, sich über ihre Bedeutung und Tragweite Klarheit zu verschaffen. Die spanischen Republikaner haben sich der Monarchie gegenüber in Schlachtordnung aufgestellt und sind entschlossen, es zum Entscheidungskampf kommen zu lassen. Für Europa und namentlich für die deutsche Nation ist es wichtig, das Terrain und die Kämpfer gründlich kennen zu lernen, um im günstigen Momente die eigenen Interessen geltend machen zu können. Deutschland ist vielleicht am meisten von allen Nationen an einer richtigen Stellungnahme zur spanischen Frage interessirt und um so nothwendiger ist es, daß die öffentliche Meinung Gelegenheit habe sich zu bilden, um der deutschen Diplomatie verständnißvoll in die Hände zu arbeiten. Jede von einem gewissenhaften Beobachter gegebene Belehrung dürfte deshalb willkommen sein, auch wenn der individuelle Standpunkt demjenigen der Mehrzahl der Organe, welche auf die öffentliche Meinung richtunggebend einwirken, verschieden sei.

Damit dem der spanischen Politik ferner stehenden die gegenwärtigen Verhältnisse und die ganze Stellungnahme Spaniens zu Deutschland und die jüngst in den Vordergrund getretene Karolinenfrage verständlich sein kann, muß ich in kurzen Strichen einen Ueberblick über die Ereignisse in den letzten 17 Jahren, d. h. seit der Septemberrevolution von 1868, geben, wobei ich natürlich nur die für die vorliegende Schrift bedeutungsvollen Momente hervorheben will. Es ist bekannt, daß der Sieg der Republikaner die spanische auswärtige Politik ins französische Fahrwasser drängen wird — auf wie lange? — ist allerdings noch sehr die Frage. Bei Betrachtung des Verhältnisses Spaniens und Deutschlands muß man deshalb nothwendigerweise zuerst die inneren Verhältnisse des Landes vorher einer Untersuchung unterwerfen.

Die Septemberrevolution vom Jahre 1868, welche den Thron des heiligen Ferdinand stürzte und ihn durch einen einfachen Präsidentenstuhl ersetzte, bedeutet für die innere Entwickelung Spaniens fast ebensoviel wie für Frankreich 1789. Beide Bewegungen waren durch monarchische Oppositionen hervorgerufen, die dann einer heftigen, in ihren Mitteln und Zielen unklaren republikanischen Strömung weichen mußten, um schließlich doch als die Sieger aus dem Kampfe hervor zu gehen. Die alte glorreiche Partei der Progressisten, deren Werk die Konstitution von Cadix, die Revolution Riego's (1820), die Periode der Reformen von 1833—43, die Revolutionen von 1848 und 1854 und die Pronunciamentos von 1866 und 1867 waren, sah sich gezwungen, die Revolution von 1868 zu machen, wollte sie nicht thatenlos zuschauen, wie die bigotte und sinnliche Isabella II. das Land durch eine nichtswürdige Kamarilla zu Grunde richtete.

Juan Prim, der würdige Nachfolger Espartero's in der Führerschaft der Progressisten, und Praxedes Sagasta waren, als sie Isabella II. stürzten, gut monarchisch gesinnt, sie sind beide monarchisch geblieben. Die Republikaner konnten 1873 nur Dank der Uneinigkeit unter den Monarchisten zur Macht gelangen; sie sahen sich plötzlich durch die Verhältnisse emporgehoben, ohne selbst genügend vorbereitet zu sein und ohne Zeit gehabt zu haben, das Land für die Republik vorzubereiten. Erst seit 1854, mit der Julirevolution O'Donell's hatte Nicolas Rivero die republikanische Propaganda begonnen, wobei er vom beredtesten aller republikanischen Apostel, Emilio Castelar auf das Erfolgreichste unterstützt wurde. Es konnte nicht fehlen, daß die republikanische Improvisation von 1873 den Charakter ihres geistigen Urhebers erhielt; wie die herrlichen Improvisationen des Tribunen war sie belebt von großen Idealen und weiten humanitären Konzeptionen; wie die Reden Castelar's, war sie aber zu sehr ins Allgemeine verschwimmend, ohne Klarheit und Stetigkeit und ohne Bestimmtheit in den Details gewonnen zu haben. — Was vermochten übrigens vierzehn Jahre republikanischer Propaganda im Lande der Inquisition und der Monarchen-Allmacht! —

Man muß sich auf einige Zeit in ein spanisches Dorf oder kleines Provinzstädtchen vergraben haben, um die außerordentliche Revolution zu begreifen, die durch die kurzen Monate der Existenz der Republik in den Köpfen der Massen angerichtet worden ist. Wo früher der Dorfgeistliche und die aus einigen Beamten und reichen Bauern bestehenden „Honoratioren" unumschränkt schalteten und walteten, begannen rührige junge Republikaner die alten Gemeindebücher zu hantiren, daß nur der Staub wirbelte. Pfarrer und Gemeindeältesten verloren ihre bis dahin unangetastete Autorität und die Klagen der ärmeren Leute wurden vorzugsweise gern berücksichtigt, wenn dadurch einem der reichen konservativen Dorftyrannen geschadet werden konnte. Und die neuen Machthaber suchten die Popularität der bis dahin stimm- und einflußlosen Leute, verkehrten mit ihnen leutselig und freundlich und lasen ihnen die hauptstädtischen Zeitungen vor, deren lebhafter, heftiger und exaltirter Stil dem Volke besser gefiel, als die offizielle Gazeta de Madrid, oder das Diario Español, welche ihnen früher der Geistliche an Sonntagsabenden vorzulesen pflegte. Die braven Leute fühlten sich geschmeichelt durch die Aufmerksamkeit, die man ihnen schenkte und die Bedeutung, die sie erlangt hatten.

Und dann kamen die gefeierten Redner des Parlamentes, deren Namen ihnen täglich die Zeitungen angepriesen, in höchst eigener Person in ihr vergessenes Wolkenkukuksheim. Deputirte, Senatoren und Minister drückten den einfachen Bauern freundschaftlich die Hand und ließen sich herab, mit ihnen über die Wünsche und Bedürfnisse ihres Ortes zu sprechen. Doch das Schlimmste war nicht das! Wirksamer als alles andre machte die Civilehe für die neue Ordnung Propaganda und schlug eine Bresche in die Autorität der Kirche. Der auch in Deutschland durch sein ins Deutsche übersetztes Werk „Die Harmonie zwischen Glaube und Wissenschaft" und durch die treffliche Herausgabe der Briefe Ignatius Loyala's rühmlichst bekannte Jesuit und Akademiker Don Miguel Mir versicherte mir: man könne sich keinen Begriff davon machen, welcher furchtbare Schlag die Einführung der Civilehe gegen den Einfluß der Kirche war. Das Volk wollte sich nicht mehr vom Priester trauen lassen: „warum Geld ausgeben, wenn es mit dem Civilregister abgethan ist!“ meinten die Leute. Tausende und wieder Tausende sind damals in den entlegensten Dörfern Spaniens ohne priesterlichen Segen in die Ehe getreten. Sobald der Bauer merkte, daß der Geistliche nicht, wie früher, bei allen wichtigen Momenten des Lebens als wichtiger Faktor in Betracht zu ziehen sei, so kehrte sich sein Eigennutz gegen ihn und die Ehrerbietung von früher machte dem armen Dorfgeistlichen gegenüber einer hochmüthigen Geringschätzung Platz. Und da Priester und Kirche in den Augen des Volkes eins sind, sah sich die römische Kirche einer unverdienten uud häufig in häßlichen Excessen ausartenden Feindseligkeit ausgesetzt. Jedes Silberstück, das er einst der Kirche gezahlt, that ihm jetzt in der Seele leid und er suchte sich dafür zu rächen.

Während der elf Monate ihrer Herrschaft haben die Republikaner Außerordentliches im Niederreißen der alten Idole gethan, daß sie in so kurzer Zeit nichts Dauerndes an die Stelle setzen konnten, kann billig nicht erwartet werden. So sehr sich die republikanischen Celebritäten, die Nicolás Rivera, Figueras, Figuerola, Garrido und andere um den Fortschritt ihres Landes verdient gemacht haben, den nachhaltigsten und größten Einfluß hat, und das geben selbst seine erbittertsten Feinde, die Jesuiten zu, der geniale Redner Emilio Castelar auf seine Nation ausgeübt und übt noch gegenwärtig aus. Im Auslande und vornehmlich in Deutschland, wo man blos seine Schriften und Reden in Drucklettern vor sich sieht und nicht die zündende Kraft seiner Beredsamkeit auf sich wirken lassen kann, wird die Bedeutung dieses großen Dichters in Prosa und inspirirten Apostels der Ideen der französischen Revolution zu gering angeschlagen. Wie gesagt, er ist der geistige Urheber der Republik von 1873 und unter allen Coryphäen des republikanischen Spaniens hat er die meisten Chancen, von der Republik zum Präsidenten proklamirt zu werden. Castelar und die Republik von 1873 können, wie alle historischen Charaktere und Ereignisse nur im Zusammenhange mit den sie umgebenden Verhältnissen verstanden und richtig gewürdigt werden.

Es ist ungerecht, die Republikaner für den Sturz der ersten spanischen Republik verantwortlich zu machen. Die Figueras, Salmeron, Castelar und Pi y Margall haben außerordentlich viel gethan, indem sie trotz der Schwierigkeiten, die ihnen die Carlisten und die Kommunisten in den Weg legten, dem Lande bewiesen, daß das Königthum nicht die einzige Staatsform sei, welche auf spanischem Boden existiren könne. Die Wirkung der Proklamation der Republik auf die durch Thron und Altar jahrtausendelang geknechtete Nation war etwa derjenigen ähnlich, welche Europa empfand. als der Wittenberger Mönch die göttliche Autorität des Papstes vernichtete. Die Kirche und das Königthum sind in Spanien ebenso wie in Frankreich tödtlich getroffen worden und dürften sich nie mehr vom Schlage erholen, denn das einmal gestürzte Idol verliert seine knechtende Macht auf die Massen. —

Als General Pavia den 3. Januar 1874 früh morgens in den von Castelar präsidirten Kongreß drang und die Vertreter der Nation durch seine Soldaten gewaltsam vertrieb, stürzte allerdings die Republik und Sagasta, der die Trümmer der alten Progressistenpartei, von welcher sich schon 1872 Zorilla und andere leitende Männer getrennt hatten, zu einer neuen Partei unter dem Namen der Konstitutionalisten versammelte, konnte sich zum Chef des Staates aufschwingen, von welcher Stellung er den 30. December durch das zu Gunsten Alfonso XII. ausgeführte Pronunciamento des Generales Martinez Campos von Sagunt verdrängt wurde und Canovas del Castillo die Bourbonenherrschaft restaurirte. Die Revolutionsjahre konnten indessen nicht ungeschehen gemacht werden, ihr Gehalt war in der Konstitution von 1869 zusammengefaßt, welche von den ersten und bis jetzt einzigen Cortes, die aus dem allgemeinen Wahlrechte hervorgingen, verfaßt worden ist. Diese Konstitution ist der Meilenstein geblieben, der das alte dem Könige und der Kirche unterthänige Spanien vom heutigen Spanien trennt, das für immer der modernen Staatsidee gewonnen ist. Die Grundpfeiler der Verfassung von 1869 sind zugleich die Grundpfeiler der Demokratie: die Garantie der individuellen Rechte und die Souveränetät der Nation, von welcher das allgemeine Wahlrecht eine natürliche Konsequenz ist. Diese Verfassung hat außerordentliche Bedeutung für die Geschichte der spanischen Parteikämpfe. Sie entstand als Compromiß der Republikaner und Liberalen, die gemeinsam die Revolution gemacht hatten, und sollte späterhin wiederum das Bindeglied werden, das die republikanischen Gegner Alfonso XII. mit dem fortgeschrittensten Flügel der dynastischen Liberalen, der sog. Linken, in Beziehung setzte. Wahrscheinlich dürfte die Verfassung mit wenigen Abänderungen bald wieder das Staatsgrundgesetz werden.

Dank der unermüdlichen Thätigkeit der Republikaner, die durch die Presse, von der Rednertribüne und vom Regierungsamte eine unausgesetzte begeisterte Propaganda für die Republik und die modernen Ideale gemacht hatten, folgten in Spanien dem kurzen replublikanischen Versuche kein Karl X, sondern der Doktrinärismus eines Canovas und Parteigenossen, welcher mit demjenigen Guizot's sehr viel Verwandtschaft besitzt. Aus den Fetzen der Verfassung Isabella II. vom Jahre 1845 wurde diejenige vom Jahre 1876 zusammengestoppelt, doch hielt es Canovas für rathsam, dem Zeitgeiste bedeutende Konzessionen zu machen. Und in der That ist seine Regierung während der sechs Jahre seiner Ministerpräsidentschaft den Prinzipien der Verfassung von 1869 nie zu schroff entgegengetreten, da sein durch tiefgehende historische Studien geschärftes Urtheil sehr wohl erkannte, daß ihre Mission nur darin bestehe, das Königthum mit der alten Fortschrittspartei zu versöhnen, deren politische Ideale diejenigen der Nation geworden waren.

Isabella II. verlor ihren Thron, weil sie in ihrem beschränkten Traueneigensinne der rührigen Partei der Progessisten den Weg zur Macht versperrte, als dieselben vom Parlamente aus, auf eine kleine Opposition gestützt, unter denen sich namentlich Olozaga, Prim, Sagasta, Carlos Rubio und Zorilla durch Talent und Beredtsamkeit hervorthaten, gegen das absolutistische Regiment der Moderados ein unaufhörliches Kreuzfeuer richteten. Die eitle und herrschsüchtige Frau hatte eine persönliche Antipathie gegen die talentvollen Männer und zog es vor, den faden Schmeicheleien ihrer Kamarilla zu lauschen, die es wohl verstand, ihrer Eitelkeit und Vergnügungssucht entgegenzukommen. Alfonso XII. mußte so bald wie möglich den verhängnißvollen Fehler seiner Mutter gutzumachen suchen. Kaum geistig selbstständig geworden, beeilte er sich, die erste passende Gelegenheit benutzend, die Trümmer der Progessisten unter der Führerschaft Sagasta's mit der

Macht zu betrauen. Der 8. Februar 1881 ist ein bedeutungsvolles Datum für die Geschichte der Monarchie in Spanien: Alfonso XII. versöhnte sich mit dem Liberalismus und gab zugleich zu verstehen, daß er den Fehler seiner Mutter begriffen und willens sei, einen anderen Weg einzuschlagen.

Die Berufung Sagasta's in den Rath der Krone war der erste selbstständige Akt des jungen Königs. Mit einem Schlage hatte er sich populär gemacht. Das Mißtrauen gegen die traditionelle Politik der Bourbonen verschwand und die Dynastie gewann fast täglich neue Anhänger aus den bis dahin unschlüssig Abwartenden und aus dem republikanischen Lager, welches namentlich durch den Abfall des ausgezeichneten Redners Christino Martos und seiner politischen Freunde einen empfindlichen Verlust erlitt. Allerdings begleitet diesen talentvollen Renegaten der Ruf, daß die Sache, welche er unterstütze, zu unterliegen pflege. Die Monarchie fühlte in Spanien seit dem 8. Februar 1881 festen Boden unter den Füßen und es bedurfte einer Reihe von Fehlgriffen, um ihr diesen Boden zu entreißen und das Land wieder in eine Periode politischer Ungewißheit und Schwankungen zu stürzen.

Nicht ungestraft hatte Isabella von Bourbon durch ihre thörichte Politik persönlicher Ranküne und klerikaler Einflüsterungen den Geist der Revolution provozirt. Ihre Fehler wurden ihrem Sohne verhängnißvoll, der keinen festen Grund mehr vorfand, auf welchem er seine Dynastie errichten könnte. Unter dem Ansturme der revolutionären Wogen waren die einst festen und kompakten monarchischen Parteien zerbröckelt. Nur die Carlisten gingen aus der Revolution gestärkt hervor, denn ihre ungeschulten Schaaren hatten auf den Schlachtfeldern des Bürgerkrieges taktische und politische Schulung erhalten. Die Partei der Moderados, auf welche sich Isabella gestützt hatte, löste sich als solche auf, da sie weniger durch Prinzipien, als durch den persönlichen Einfluß der Königin zusammengehalten wurde und sich nun naturgemäß auflöste. Die klerikalen Elemente dieser Partei zogen sich vom öffentlichen Leben zurück und tauchten erst viele Jahre später als katholische Union auf, deren politischer Repräsentant, Alexandro Pidal, im konservativen, von Canovas präsidirten Ministerium vom 18. Januar 1884 das wichtige Portefeuille des Kultusministers erhielt.

Am Beginne der Regierung Alfonso XII. im Jahre 1875 stützte sich demnach die Monarchie blos auf zwei politische Parteien ohne große Vergangenheit und Prestige: auf die aus verschiedenen Elementen durch Canovas zu einem Ganzen verbundene Partei der Konservativen, die keine Vergangenheit besaß, da sie in ihrem Banner den Namen des damals 18 jährigen Königs trug und auf die Partei Sagasta's, welche nicht mehr als Vertreterin der ruhmreichen Progessisten gelten konnte, da Prim und Ruiz Zorilla einen mächtigeren Anhang um die in der Verfassung von 1869 niedergelegten Prinzipien der Partei versammelten und von den historischen Räumen des Progessisten-Casino in der Straße Espartero's, unweit der Puerta del Sol, Besitz nahmen und daselbst den Mittelpunkt der heutigen demokratisch-progessistischen Republikaner schufen, die nach dem Meuchelmorde Prim's in Zorilla ihren Führer anerkennen.

Weder Canovas, noch Sagasta ragen als Staatsmänner über das gewöhnliche Mittelmaß hervor. Der erstere wurde durch das Pronunciamento O'Donell's 1854 aus der Schriftstellerlaufbahn in die Politik gedrängt; als junger Publizist hatte er den aufständischen General zum Manzanares begleitet und da der Säbel und die Feder selten von derselben Faust gut gehandhabt worden, wurde der junge Schriftsteller, dessen ausgezeichneter Stil stets die Bewunderung der Literaten erregt hat, mit der Redaktion des Manifestes „An die spanische Nation“ betraut, welches die Revolution in Madrid entzündete und dem strebsamen, ehrgeizigen Jünglinge die Thore der großen Politik öffnete. Die späteren Ereignisse trugen den Emporkömmling dann schließlich unvermerkt weiter, bis die Wogen der Revolution ihn erfaßten und sanft ins Fauteuille des Ministerpräsidenten Alfonso XII. setzten. Immerhin ist Don Antonio Canovas del Castillo ein gründlich gebildeter Akademiker, der sich stets auf der Höhe der Situation zu erhalten weiß.

Sagasta steht bei Weitem nicht auf dem geistigen Niveau von Canovas: ein brillanter Debatter, dessen scharfe Zunge unaufhörlich dem Gegner zusetzt, ist er unvergleichlich in der Intrigue. Dieser letzteren Eigenschaft verdankt er vornehmlich seine politische Bedeutung. Er versteht es wie Keiner sonst die Triebfedern des Egoismus zu seinem Vortheile in Bewegung zu setzen und so ist es ihm gelungen, eine kompakte politische Gruppe zu bilden, deren einzige Triebfeder der individuelle Eigennutz ist und der es ganz gleichgültig ist, unter welchem Losungsworte sich die Getreuen an die Vertheilung des Budgets machen.

Um ans Ruder zu kommen, d. h. um sich der Staatskassen zu bemächtigen, mußten Sagasta und seine Parteigenossen versprechen, die Verfassung von 1876 nicht durch diejenige von 1869 ersetzen zu wollen und um sich vollständig gegen den Mann, der seine Mutter vom Throne gestürzt, zu sichern, wußte es der König einzurichten, daß derselbe Martinez Campos, der den Staatsstreich von Sagunt machte und Sagasta stürzte, der Kriegsminister im Kabinete ebendesselben Sagasta wurde. Der Jubel, welcher am 8. Februar 1881 der Berufung des ehemaligen Progessistenführers Sagasta folgte, verstummte bald, als man erkannte, daß dieser Politiker soweit nach rechts gegangen war, daß er mit den Konservativen fast auf derselben Bank zu sitzen kam.

Es lag in der Natur der Sache, daß die aufrichtig liberal gesinnten Männer der Partei sich allmählig in die Opposition gedrängt sahen und so entstand schon im nächsten Jahre, d. h. 1882, die Partei der Linken, deren ausgesprochene Absicht war: die Demokratie mit der Dynastie Alfonso XII. zu versöhnen und dadurch der republikanischen Agitation die Spitze abzubrechen. Die neue Partei fand im greisen Sieger von Alcolea, dem Marschall Serrano, eine, wenn auch etwas altersschwache, aber immerhin noch sehr populäre und zugkräftige Fahne und da der Hof, der das unbequeme Ministerium Sagasta überdrüssig war, die junge Partei sichtlich protegirte, wurde sie schon im Herbst des folgenden Jahres für regierungsfähig erklärt.

Sagasta war in der That nach dem gescheiterten Pronunciamento der Zorillaisten von Badahoz im August 1883, dem er nicht zuvorzukommen verstanden hatte, unmöglich geworden und als die von ihm in Anregung gebrachte Reise des Königs nach Deutschland, durch welche die späterhin so bedeutungsvoll für die Monarchie in Spanien werdende Freundschaft mit dem Kaiserreiche eingeleitet wurde, ein so peinliches Nachspiel in Paris fand, durch welches die Beziehungen zwischen Frankreich und der spanischen Monarchie auf lange Zeit hinaus gespannt bleiben mußten, nahm er sogleich im Oktober seinen Abschied, der ihm natürlich bereitwilligst ertheilt wurde.

Nicht unerwähnt mag bleiben, daß der Sturz Sagastas von Vielen dadurch erklärt wird, daß die angeblich vom Könige persönlich gewollte und befürwortete deutschfreundliche Politik nicht nach dem Geschmacke des ehemaligen politischen Emigranten war, der für Frankreich und seine lebenslustige Hauptstadt stets eine ausgesprochene Zuneigung gehabt hat, und dessen Begriffe über Deutschland sehr unklare sind. Die Motive der Annäherung — denn daß die Handelsbeziehungen nicht allein durch die spanisch-deutsche Freundschaft gewinnen, sondern auch das monarchische Prinzip im äußersten Südwesten Europas aufrechterhalten werden sollte, unterliegt keinem Zweifel — lassen diese Deutung nicht unwahrscheinlich erscheinen. Auch mag der Hof im Hinblick auf diese auswärtigen Kombinationen die Zerbröckelung der Partei Sagasta's und das Werden der Linken begünstigt und beschleunigt haben, um bald die Konservativen, deren Sympathien zu Deutschland seinen Intentionen entgegenkommen, ins Ministerium zu berufen.

Wie dem auch sein mag, die von der konservativen Presse und dem Hofe wohlwollend begrüßte Linke wurde, sobald Sagasta die Präsidentschaft räumte, bereitwillig zum Rathe der Krone berufen. Das Spiel war natürlich vollkommen gelungen: Die junge Partei hatte nicht einmal Zeit gehabt, sich in allen Provinzen des Reiches zu organisiren, und es konnte Niemanden überraschen, daß der Minister des Innern, der Ex-Republikaner Sigismundo Moret, die Verantwortung nicht auf sich nehmen wollte, unvorbereitet neue Parlamentswahlen vorzunehmen und den neuen Cortes die Constitution von 1869 zur Annahme zu empfehlen. Die Linke besitzt tüchtige und ungemein populäre und verdiente Führer: den eleganten und ehrgeizigen Gelehrten und Staatsmann, den obengenannten Sigismund Moret, der Spanien in London vertreten hat und in den englischen Manchestermännern seine Lehrer anerkennt; Victor Balaguer, ein wohlverdienter Volksmann aus Katalonien, dessen tüchtiges Werk über die provencalische Literatur ihm einen Namen im Auslande gegeben hat; der brave und charakterfeste Becerra, der zeitslebens Demokrat gewesen ist und schließlich das Schwert der Partei, ohne welches sie bei den spanischen politischen Verhältnissen sehr wenig Gewicht hätte, der junge ehrgeizige General Lopez Dominguez, ein Neffe des Marschall Serrano, welcher bei dem Heere, besonders den jungen Offizieren, eine außerordentliche Popularität genießt. Wenn die Partei also, die sich auf so tüchtige und einflußreiche Personen stützt, die Zeit noch nicht gekommen erachtete, den großen Schlag gegen die republikanische Agitation auszuführen und im Namen des Königthums die Prinzipien der Demokratie zu proklamiren, so geschah das, weil die demokratischen Elemente des Reiches noch nicht Zutrauen in den Liberalismus Alfonso XII. gefaßt hatten und es zu befürchten war, daß die Republikaner das in der Verfassung von 1869 versprochene allgemeine Wahlrecht als Waffe gegen die Monarchie benutzen und diese stürzen würden.

Ohne Zweifel, wäre Alfonso XII. einer jener bedeutenden Personen, die es verstehen, die Verhältnisse zu beherrschen und sich über die Ereignisse zu stellen, er hätte die Situation zu seinen und seiner Dynastie Vortheil auszubeuten vermocht. Doch ragt der junge König kaum über das Niveau der Durchschnittsmenschen hinaus, wie er es in den letzten Jahren bei Gelegenheit der furchtbaren vom

Erdbeben und von der Cholera hervorgerufenen Katastrophen zu wiederholten Malen bewiesen hat. Man will in ihm den kühlen und berechnenden Charakter seines Großvaters Ferdinand VII., des elenden gekrönten Wichtes, erkannt haben. Jedenfalls ist dem Jünglinge jetzt schon jugendlicher Enthusiasmus fremd und von seiner Sinnlichkeit, die zu den bekannten Skandalen und zu einer sehr traurigen Episode geführt, weiß sich das klatschsüchtige Madrid manches zu erzählen. Geschicklichkeit wird dem jungen Regenten indessen kaum Jemand bestreiten.

Das Scheitern der Linken, welche sich kaum vom Oktober 1883 bis zum Januar 1884 am Ruder erhalten konnte, mag denn auch dem Könige und dem von den Infantinnen und der Königin-Mutter Isabella II. beeinflußten Hofe recht gelegen gekommen sein. Aeußerlich waren die konstitutionellen Usancen skrupulös beobachtet worden und ohne Zweifel wird der Hof und der König keinen anstößigen Antheil an den Parteikämpfen genommen haben, wenngleich die Haltung des Hofgesindes bei den Stadtverreterwahlen im Mai desselben Jahres bewies, daß der Hof es nicht verstehe, sich über das Gezänke der Parteien zu erheben, da der General-Intendant des Königs sämmtlichen Hofbeamten befohlen hatte, an die Wahlurne zu eilen und die konservativen Regierungskandidaten zu wählen.

Auch wenn der König gegen die konstitutionellen Gebräuche verstoßen hätte, könnte man ihm billigerweise keinen allzugroßen Vorwurf daraus machen, denn bei der absoluten Beherrschung der Wahldistrikte durch die am Ruder befindliche Partei ist ein parlamentarisches Abscheiden eines Ministeriums der seltenste Fall. Gewöhnlich bringen Spaltungen in der Partei den Tod herbei. Das Parlament repräsentirt nicht die Nation, der König thäte also sehr

Unrecht, sich bei Berufung und Entlassung seiner Räthe nur durch die Cortes-Majorität bestimmen zu lassen, da diese ein Geschöpf des Ministers des Innern ist. In Spanien ist der öffentlichen Meinung thatsächlich eine große Mission anvertraut, sie befragt der König, ob ein Kabinet noch lebensfähig ist, oder nicht. Weil nun diese öffentliche Meinung republikanische Tendenz hat, so war es natürlich, daß sie sich im Gegensatze zur Entschließung des Königs befand und der Sturz der Linken als ein Akt des königlichen Eigenwillens ausgelegt wurde. Eine außerordentlich geschickt geleitete und agressive Presse, über welche die Republikaner verfügen, verstand aus der Angelegenheit Kapital zu schlagen und da das spanische Publikum sehr leicht gegen die Regierung einzunehmen ist, galt es bald für eine ausgemachte Sache, daß der König endlich den Bourbonen rückhaltslos herauskehre und ein richtiger Sohn Fernando's VII. und Isabella's II. sei.

Die Herrschaft der Bourbonen ist für die spanische Nation so verhängnißvoll gewesen, daß es nicht viel bedurfte, um die junge Popularität Alfonsos in wenig Monaten zu zerstören. Ein Umstand nämlich schien diese Auffassung zu bestätigen: die Uebernahme des Portefeuilles des öffentlichen Unterrichtes durch Alexander Pidal. Derselbe ist ein talentvoller, wenn auch oberflächlich jesuitisch gebildeter junger Mann, der sich an die Spitze der „Katholischen Union", einer ultramontanen Gesellschaft, die wie alle diese Schöpfungen Roms unter religiösem Mantel politische Ziele verfolgt, gestellt hatte und als der Wortführer dieser mächtigen Coterie galt, in welcher Carlisten, Ultramontane und die Trümmer der alten Moderados, der Partei Isabella's II., in rührender Harmonie moderne Wissenschaft und modernes Staatsleben verdammen.

Nur zu bald sollte das stupid-reaktionäre Unterrichtsgesetz dieses Finsterlings das Mißtrauen rechtfertigen. Was seit der Septemberrevolution Dank der Emanzipation der Schule von der Kirche mühsam aufgebaut worden ist, läuft Gefahr, durch dieses unsinnige Gesetz vernichtet zu werden. Sämmtliche öffentliche und private Lehranstalten — und jedes Lokal, wo mehr als vier durch keine Verwandtschaftsbande verbundene Schüler Unterricht erhalten, gilt als solche — werden religiösen Inspektionen unterworfen, d. h. also die Schule den Pfaffen überliefern. Diese mögen sich indessen nicht allzusehr freuen, denn die Inspektion wird ihnen sehr bald gelegt werden. Der Leichtsinn, mit welchem die schwarze Bande sich sofort an die Vernichtung der Schulen macht, charakterisirt die klerikale Partei ausgezeichnet.

Ohne Pidal, der den alfonsistischen Klerikalismus im Ministerium repräsentirt, und ohne dessen „Katholische Union" hätte das konservative Kabinet keine genügenden Stützpunkte im Lande gefunden. Die Union ist ein bedeutsamer Vermittler der beiden feindlichen Linien der Bourbonen und die Versöhnungsthätigkeit derselben wird vielleicht schließlich noch in einer Verbindung des ältesten Sohnes von Don Carlos, Jaime, mit der Tochter Alfonso's, Marie Mercedes, die aller Wahrscheinlichkeit nach den Thron ihres Vaters erben wird, wenn demselben kein Sohn geboren wird, ihren Ausdruck finden. Diese Unterstützung war um so bedeutsamer, als die Partei Canovas del Castillo's durch das Ueberlaufen der Centralisten, der Martinez Campos und Alfonso Martinez, zu den Konstitutionalisten Sagasta's sehr gelichtet war. Die Konservativen hielten es für ihre Pflicht, den noch immer sehr mächtigen Karlismus und Ultramontanismus für die herrschende Dynastie zu gewinnen, und wenn auch der Augenblick sehr ungeschickt gewählt war, die Berufung Pidals gewann dem König unter den Reaktionären ohne Zweifel ebenso viele Freunde, wie er deren im liberalen Lager verlor. Noch sind Jaime (8 Jahre alt) und seine eventuelle Gemahlin Marie Mercedes (5 Jahre alt) Kinder, das Heirathsprojekt findet indessen in offiziösen Blättern die günstigste Beurtheilung und wird als der einzige Weg angesehen, um einen langwierigen Bürgerkrieg in der Zukunft zu vermeiden. In diesem Zusammenhange erfaßt, erschien die Berufung des klerikalen Pidal ins Ministerium als ein nothwendiges Element zur Verwirklichung eines weitreichenden Planes, dessen Endziel ebenso sehr die Befestigung der Dynastie, als auch die Sicherung des inneren Friedens und damit die Basis einer gedeihlichen Entwickelung der Nation sein sollte.

Die Unvereinbarkeit dieser Pläne mit den obwaltenden Verhältnissen sollte sich sehr bald zeigen. Der Klerus kann nicht anders, als überall den modernen Zeitforderungen mit einem starren „non possumus" entgegentreten. Pidal verfehlte deshalb nicht, den Reihen der Straßenunruhen durch sein provokatorisches Gebahren zu beginnen. In seiner Antwort in der Eigenschaft als Minister antwortete er auf den Vortrag Morapta's, welcher im Namen der Lehrkörperschaft der Universität den Lehrkursus eröffnete und bei der Gelegenheit über Egypten sprach. Der liberale Professor der Geschichte konnte natürlich nicht im Jahre des Heiles 1884 die Kosmogonie und Geschichtserklärung und Auffassung des katholischen Klerus vortragen, wie sie vor 300 Jahren vom Tridentiner Concil festgestellt wurde. Von darwinistischer Descendenztheorie war nicht einmal die Spur, noch weniger von materialistischer Welterfassung, da Don Miguel Morapta ebenso, wie sein intimer Freund und Parteiführer Emilio Castelar Deïst ist und Gott und der Vorsehung in der Welt und in seinen Reden und Schriften den weitesten Spielraum läßt.

Anstößiges war also am interessanten Vortrage absolut nichts, der eifrige Pidal hielt es jedoch für seine Pflicht, vor den versammelten Studirenden die Auffassung des Professors anzugreifen und sie als antikirchlich zu verdammen. Die Sache brachte in der Studentenwelt eine außerordentliche Bewegung hervor und um das klerikale Werk zu krönen, fühlten sich einige Bischöfe gemüßigt, die Angelegenheit immer von Neuem wieder in ihren Hirtenbriefen aufzuwärmen, bis sie schließlich zu einer Haupt- und Staatsaktion hinaufgeschraubt wurde, in welcher der studirenden Jugend ein Platz in der ersten Reihe der Akteure eingeräumt wurde. Die jugendlichen Köpfe ließen sich durch die bedeutende Rolle, die ihnen überlassen war, etwas enthusiasmiren und schrieen ein wenig eifriger, als es durchaus nöthig war und die Polizei, die überall Republikanismus wittert, zeichnete sich durch unmotivirte Rohheit aus. So war durch den Uebereifer Pidals und Romero Robledo's, dessen Weisungen seine Kreatur, der Civilgouverneur Villaverde, bedingungslos folgte, aus dem exclusiven akademischen Streite eine cause célèbre geworden, die zu den Straßenunruhen vom 20. bis 23. November, bei welchen zum Glücke blos Leichtverwundete vorkamen, und zu redseligen Debatten in den Cortes führten, welche die Unpopularität der Regierung außerordentlich förderten.

Nicht genug mit dieser Niederlage trug dem Kabinete der Uebereifer Pidals eine diplomatische Demüthigung von Seiten Italiens ein. Die erwähnten Auslassungen der geistlichen Würdenträger waren so heftig und taktlos, daß sich die spanische Regierung, trotz ihrer außerordentlich versöhnlichen Stimmung Rom gegenüber, gezwungen sah, die Kurie um Desavouirung der bischöflichen Hirtenbriefe anzugehen, was allerdings dem klerikalen Uebereifer den heilsamen Wink eintrug, nicht päpstlicher als der Papst zu sein und Canovas del Castillo die Gelegenheit gab, sich über seine Stellungnahme zum Vatikan und Quirinal auszusprechen. Der Historiker und Philosoph konnte unmöglich sich dem von Pidal und Genossen gegen das Königreich Italien geschleuderten Anathema anschließen und zum großen Aerger der schwarzen Coterie erklärte er in den Cortes, daß die spanische Regierung die Frage der weltlichen Herrschaft des Papstes für eine innere Angelegenheit Italiens halte und, ohne die geringste Verantwortung an derselben sowohl für die Vergangenheit als für die Zukunft übernehmen zu wollen, das Königreich Italien als einen gegebenen wichtigen Faktor der europäischen Politik anerkenne und mit ihm die freundschaftlichsten Beziehungen zu pflegen entschlossen sei.

Die Beeinflussung der spanischen Politik durch den Klerikalismus und die Ueberschwemmung der Beamtenstuben durch ehemalige Moderados und durch Leute, die noch vor wenigen Jahren in den Karlistenbanden gekämpft hatten, verursachte eine gerechtfertigte Entrüstung im lieberalen Lager. War es den Konservativen unmöglich, mit den Klerikalen im eigenen Lager in Frieden zu leben — mußte doch Canovas die Versicherungen Pidal's wiederholt desavouiren, sowohl in den Cortes, als der ausländischen Diplomatie gegenüber, und war es doch offenkundig, daß die liberal-konservative, vom Grafen Torreno und von Romero-Robledo geführte Fraktion des ministeriellen Lagers in Pidal und seinen Freunden persönliche und politische Gegner erblickte —, so war es ganz undenkbar, daß der seit 1869 demokratisch gewordene spanische Liberalismus zugeben konnte, daß Männer, wie Pidal, die Errungenschaften der Vergangenheit einem zelotischen Obskurantismus zum Opfer bringen sollte; denn das Ueberwiegen der klerikalen Fraktion im Kabinet bedroht den Unterricht, die Gewissensfreiheit, die Presse und die konstitutionellen Institutionen des Reiches und würde Spanien in der auswärtigen Politik gänzlich isoliren. Der schwere Irrthum Canovas', und vielleicht auch des Königs, ist gewesen, daß sie die Unvereinbarkeit des Klerikalismus mit dem Konstitutionalismus nicht erwogen hatten. Die Koalition der Konstitutionellen und Liberalen sämmtlicher Schattirungen mit den Republikanern anläßlich der Gemeinderathswahlen der Hauptstadt, welche am 10. Mai d. J. stattfanden, war eine nicht mißzuverstehende Antwort auf die klerikalen Intriguen, die im Palaste ein williges Ohr gefunden hatten. So lobenswerth die Bestrebungen sein mögen, den Bürgerfrieden durch eine Versöhnung des Karlismus mit der Dynastie Alfonso's XII. von dieser Seite wenigstens zu sichern, so stoßen dieselben auf unüberwindliche Hindernisse, solange der Karlismus am Absolutismus und Ultramontanismus festhält; an ein Aufgeben dieses seines Lebensprinzips ist aber jetzt noch nicht zu denken. Werden seine Vertreter die Rathgeber des Königs, so ist es unvermeidlich, daß sich die Vorgänge vom September 1868 wiederholen und die Liberalen von Sagasta bis Moret und dem Demokraten Martos im Verein mit den Republikanern eine Revolution insceniren, deren Ausgang unzweifelhaft ist.

Die spanische Nation leidet an einer Entwickelungskrankheit, die nur mit der Zeit überwunden werden kann und welche die Ursache der beständigen Bürgerkriege ist, die das unglückliche Land in unserem Jahrhundert heimgesucht und an jeglichem Gedeihen verhindert haben. Die

Grundprinzipien modernen Staatslebens haben in Spanien einen zäheren und hartnäckigeren Kampf gegen den mittelalterlichen Staatsgedanken zu führen, als anderswo, und der Kampf nimmt in Folge des leidenschaftlichen Nationalcharakters die schreckliche Form des religiös-politischen Bürgerkrieges an, der verwüstend und zerstörend das unglückliche Land durchzieht. Italien, dessen öffentliches Leben durch seine großen republikanischen Gemeinwesen und durch den Kampf des freien Bürgerthums gegen die Tyrannei der Päpste bestimmt wurde, kennt diese Entwickelungskrankheit nicht und der germanische Norden hat ihr durch die große Reformation vorgebeugt. In Frankreich sorgte die große Revolution, daß Thron und Altar ohne feste Grundlage blieben, indem sie den Klerus und die Aristokratie, diese conditio sine qua non jeder Monarchie von Gottes Gnaden ihrer Reichthümer und Privilegien beraubte, auf welche sich jede reaktionäre Macht stützt. Die Expropriationen der Todten Hand durch Mendizabel im Jahre 1837 mußten sehr übereilt werden und konnten deßhalb ihrem Zweck nicht entsprechen. Der Klerus und die Aristokratie sind heute noch in Spanien die Besitzer von mehr als zwei Drittheilen des Bodens, wodurch ihr Einfluß, namentlich auf dem flachen Lande, ein außerordentlich großer ist. Die modernen Ideen haben mit außerordentlichen Schwierigkeiten kämpfen müssen, und heute, nach fast einem Jahrhundert unaufhörlichen Streites, haben sie noch nicht wie im übrigen Europa, Rußland und die Türkei ausgenommen, die unbedingte Herrschaft erlangt. Die Gefahr für Spanien besteht darin, daß die drei politischen Lager: Klerikale-Absolutisten, Konstitutionell-Liberale und Republikaner sich in drei völlig gleichen Heerhaufen gegenüberstehen und keines derselben ohne die Unterstützung eines der anderen das Feld behaupten kann. Daher die Unmöglichkeit im Jahre 1873 die Republik ohne den Beistand der Liberalen zu erhalten und daher auch die Nothwendigkeit für die liberale Monarchie, entweder rechts oder links Verbündete zu suchen.

Pidal und sein Anhang trieb die Liberalen und Republikaner zur Coalition vom 3. Mai d. J. Der Zweck dieses bedeutsamen Parteimanövers war ein sehr begrenzter und die Coalition sollte keinerlei weitere Transcendenz haben. Es gult nur, die aufgedrungenen Regierungskandidaten für die Madrider Stadtrathswahlen mit vereinten Kräften zu besiegen. Sowohl Sagasta wie Martinez Campos, der Quasi-Conservative General, sagten aller Welt, daß die Coalition keinen andern Zweck habe. Die Wahlen vom 10. Mai waren natürlich ein vollständiger Triumph der vereinigten Opposition. Die Tragweite der Coalition war indessen eine sehr große: das Bündniß der Liberalen mit den Republikanern hatte diese genähert und persönliche Zwiste, welche alte Freunde von 1868—73 während zwölf Jahren getrennt hatten, wie z. B. zwischen Sagasta und Castelar, Castelar und Pi y Margall, und andere, versöhnt. Gemeinsam, Hand in Hand, traten die Führer der Monarchisten und der Republikaner vor die Wähler Madrids und es gewann den Anschein, als ob die Harmonie in einer Aktion gegen die Monarchie ihren Abschluß finden würde.

Soweit kam es denn doch noch nicht, thatsächlich aber schuf diese Coalition ein inneres Band um alle Liberale und Republikaner und half den beiden Lagern, sich zu konsolidiren. Wenige Monate vergingen und die zahlreichen liberalen Fraktionen, deren centripetalen Bestrebungen das Ministerium Sagasta im Oktober 1883 gestürzt hatte, verbanden sich zu der Partei der Liberalen schlechtweg und erhoben Don Prèxedes Sagasta zu ihrem Chef. Im republikanischen Lager vollzog sich eine ähnliche Bewegung: die Föderalisten verbanden sich mit den Progessisten-Republikanern, den Zorillisten, um im geeigneten Augenblicke die Revolution zu machen. Castelar wollte sich den Revolutionären nicht anschließen, da er die Hoffnung hegt, daß die Monarchie selbst die abschüssige Linie von der Constitution von 1869 zur Republik herabrutschen werde, und weiß, daß sein Opportunismus gegenüber den Forderungen der Föderalisten und Zorillisten arg ins Gedränge käme.

Sagasta hatte den Männern der Linken nachzugeben gewußt und so treten die Liberalen gegenwärtig vor die Nation mit der Constitution von 1869 auf ihrem Banner. Das einzige Zugeständniß der früheren Linken ist gewesen: daß die Constitution von 1876 nicht durch diejenige von 1869 ersetzt werden soll, sondern an das konservative Machwerk nur eine Additionalakte hinzugefügt werde, welche die Grundprinzipien der demokratischen Charte der Revolution in die jetzt zu Recht Bestehende trage. Dieser Anschluß nimmt namentlich die Artikel 17, 21 und 24, welche die sog. Menschenrechte anerkennen, d. h. Gewissensfreiheit, freie Rede, Presse, Versammlung, Association und Lehre garantiren, in die jetzige Verfassung auf. Der Artikel 32, welcher lautet: „Die Souveränetät ruht wesentlich in der Nation, von welcher jede Macht ausgeht“ ist indessen von den Liberalen aus der Additionsakte ausgeschlossen.

Dank diesem Zugeständnisse fand sich der gesammte republikanische und monarchische Liberalismus unter dem gemeinsamen Banner der Verfassung von 1869 vereinigt, nur die Föderalisten, die mit den in Spanien als Partei nicht wichtigen Sozialisten enge Berührungspunkte haben, sind außerhalb dieser Vereinigung. Die Progessisten-Republikaner Ruiz Zorilla's und die Possibilisten Castelar's sehen in der Verfassung ihr eignes Werk. Der Schritt zur republikanischen Revolution mit dem Loosungsworte „1869“ ist also für die Monarchisten sehr leicht zu thun; und daß der äußerste Flügel der Liberalen diesen Schritt früher oder später machen wird, deuten die Worte des Schwertes der früheren Linken, des Generals Lopez Dominguez, des Neffen des alten Marschall Serranos, welche derselbe im Juni d. J. den Conservativen von der Deputirtenbank drohend zurief: „Hütet Euch wohl, daß der Ruf: Es lebe das Vaterland, die Freiheit und die Monarchie!“ nicht in den Ruf verwandelt werde: Es lebe das Vaterland und die Freiheit!“

Die Veranlassung zu dieser Warnung des populärsten Generales Spaniens, dem das spanische Heer sofort folgen würde, selbst wenn er es gegen die Monarchie führen würde, denn die Subalternoffiziere und das Unteroffizierkorps sind der überwiegenden Mehrzahl nach Republikaner, gaben die Straßenunruhen vom 19. und 20. Juni d. J., bei welchen die Regierung taktlos und brutal gegen eine harmlose Kundgebung einschritt, welche durch die Provokationen der Polizei zu einer ernsthaften Massenrevolte wurde, bei welcher 4 Personen getödtet und etwa 30 Personen verwundet wurden. Die Cholerapolitik Romero Robledo's gab die Veranlassung zu der Kundgebung, die einen so traurigen Ausgang haben sollte, ohne daß man den vielangefeindeten Minister gerechtfertigterweise deshalb verantwortlich machen kann. Daß er den 15. Juni erklärte, die Cholera sei in Madrid aufgetreten und nicht, wie es thatsächlich geschehen, schon einige Wochen früher oder später, wurde allerdings durch den Umstand motivirt, daß das Ministerium Canovas die Reise des Königs nach Murcia zum Seuchenheerde verhindern wollte und ihm die Cholera in der Hauptstadt nöthig war, damit Alfonso XII. dieselbe nicht in den Provinzen zu suchen habe, Romero Robledo war bei der ganzen Sache indessen sehr wenig der Schuldige. er hat, wie das so oft geschehen, der urtheilslosen Menge als Prügelknabe für die Seuche dienen müssen. Auch in Spanien sind die Minister an Allem Schuld! Seine Schwankungen in der Sanitätskampagne, wodurch unzählige Plackereien und pekuniäre Nachtheile hervorgerufen wurden, will ich damit keineswegs gerechtfertigt haben. Indessen darf man die Energie und das Talent des rührigen Ministers aus dem kleinen andalusischen Städtchen Antaguera nicht verkennen.

Frauen und Volksmassen sind bekanntlich gründefest. Die Cholera und das furchtbare von der Seuche hervorgerufene Elend der Massen, welches aller Beschreibung spottet, wurden den Conservativen zur Schuld geschoben und eine schwüle politische Atmosphäre begann sich über das Land zu breiten, welche gewitterdrohend einen nahen Sturm ankündigte. Mit außerordentlicher Geschicklichkeit und großem publizistischen Talente haben die republikanischen und liberalen Oppositionsblätter diese verzweifelte Stimmung der Nation ausgebeutet, um den Funken der Revolution zur Flamme anzufachen. Mit welchem ausgezeichneten Erfolge, konnte man ersehen, als die furchtbare, nur von den traurigen Todtenlisten der an der Seuche Verschiedenen unterbrochene politische Stille des Sommers von der sensationellen Karolinenfrage überrascht wurde und die Republikaner den Tag gekommen erachteten, den Streich gegen die Monarchie zu wagen.

Ein Ueberblick über die relative Stärke der Parteien wird jeden, den spanischen Verhältnissen fernstehenden, von der außergewöhnlichen Schwierigkeit, in diesem Lande ein stabiles Regiment zu errichten, überzeugen. Drei politische Lager stehen sich gerüstet gegenüber: Die Karlisten mit den Klerikalen; die Monarchisten, die Alfonso XII. und seine Linie anerkennen, und schließlich die Republikaner. Die numerische Stärke und der Einfluß der Heerhaufen sind fast völlig gleich, was sich am besten veranschaulichen läßt, wenn man die Leser der resp. Parteiorgane aneinander hält. Im Nachstehenden führe ich selbstverständlich nur die leitenden Blätter sämmtlicher Schattirungen an, da es unmöglich ist, den unzähligen Eintagsfliegen meiner spanischen Collegen verständnißvoll zu folgen und schließlich das Bild nur verwirrt werden würde, wollte ich die unbedeutenden Blätter mit in die Tabelle aufnehmen. Daß die karlistisch-klerikalen Blätter verhältnißmäßig, d. h. in Anbetracht der großen Bedeutung der Partei, wenige Leser haben, wird nicht verwundern, denn die vornehmlichste Stärke der Absolutisten und Klerikalen beruht in der Unwissenheit ihrer Adepten, welche durch die Belehrung der Presse ernstlich bedroht ist.

Im Nachstehenden sind die Organe von rechts nach links angeführt, d. h. in jedem Lager kommen zuerst die gemäßigsten oder richtiger die konservativsten, dann das Organ S. Zukunftsmajestät Don Carlos de Bourbón, der Siglo foturo, ist am reaktionärsten, aber nicht deshalb das gemäßigste karlistisch-klerikale Organ. Das von allen Regierungen zu offiziösen Communegua's benutzte Notizenblatt La Correspondencia de España, mit einer täglichen Auflage von 50,000 Exemplaren, kann füglich zu keinem Lager gerechnet werden, da es von allen politischen Parteien in gleichem Verhältnisse gelesen wird. Der vom ehemaligen sagastinischen Deputirten Mellado geleitete Imparcial, mit 60 000 Exemplaren, ist das einzige Organ, welches den Telegraphendienst des In- und Auslandes gut organisirt hat und überhaupt das zuverläßlichste und bestunterrichtetste Blatt Spaniens ist und dieser Eigenschaften wegen von allen Schattierungen gelesen wird; höchstens 20 000 Exemplare dürften blos auf Rechnung der liberal-monarchischen Tendenz des Blattes zu schreiben sein. Die spanischen Namen der Blätter dürften von deutschen Lesern sofort verstanden werden. Porvenir heißt Zukunft; Fé — Glauben; Dia — Tag; Diario — Tageblatt; Isquierda — Linke; Siglo — Jahrhundert. —

Karlistisch-ultramontane Organe:

	Exempl.
Siglo Futuro, das Organ der Karlisten und der Moniteur Don Carlos	10,000
Fé, karlistisch	6,000
Union, das Organ Pidal's und der katholischen Union	6,000
	22,000.

Monarchisch-Alfonsinische Organe:

Epoca, das Organ des konservativen Ministeriums	8,000
Diario Español, das Organ des linken Flügels der Conservativen	3,000
Integridadde la Patriá, das Organ Canovas del Castillo	3,000
Zu übertragen	14,000

	Exempl.
	Uebertrag 14,000
Dia, das Organ einer Finanzgruppe, die mit Sagasta geht	8,000
Imparcial, die obigen Exemplare . . .	20,000
Iberia, das Organ Sagasta's	6,000
Correo, sagastinisch	8,000
Resumen, das Organ Moret's	8,000
Isquierda Dinástica, das Organ der früheren Linken und besonders des Generales Lopez Dominguez	6,000
	70,000.

Republikanische Organe:

Progreso, ohne bestimmte Inspirirung .	8,000
Globo, das Organ Castelar's und der Possibilisten	20,000
Liberal, ohne bestimmte Inspirirung . .	30,000
Porvenio, das Organ Zorilla's und der Progessisten-Republikaner	10,000
República, das Organ Pi y Margall's und der Föderalisten	6,000
	74,000.

Wer aus diesen Ziffern zu lesen versteht, erfaßt sogleich die politische Situation des Landes. Die Presse Madrids ist ein Spiegel der Provinzialpresse, wo sich dasselbe Verhältniß wiederholt, nur daß die Nordprovinzen Katalonien und Aragonien ausgenommen, einen etwas größeren Prozentsatz klerikal-karlistischer und monarchischer Leser stellen, während Andalusien eine besonders entwickelte republikanische Presse besitzt. Um die Bedeutung der Republikaner richtig abzuschätzen, muß erwähnt werden, daß die drei verbreitetsten Wochenblätter: das Freidenkerblatt Dominicales del libra pensemiento (35,000 Exemplare), Motin (25,000 Exempl.) und das Volkswitzblatt Cencerro (30,000 Exempl.) ebenfalls ausgesprochen republikanisch sind.

Von den Republikanern hat die föderalistische Partei viel von ihrer einstigen Bedeutung verloren, seitdem sich die Ueberzeugung von der Unrealisirbarkeit ihrer Ideale im Jahre 1873 unwiderleglich aufdrängte. Damals schwärmten alle Republikaner Spaniens, Castelar, der Ultra-Centralist von heute nicht ausgenommen, für eine Föderation. In der zweiten spanischen Republik ist ihnen wahrscheinlich die undankbare Rolle einer beständigen Opposition aufgespart, deren Anregungen sehr werthvoll sind, die aber nicht Gelegenheit hat, ihre Ideale Wirklichkeit werden zu lassen.

Die Föderalisten, sowie die Possibilisten, oder was dasselbe besagt, die Opportunisten, sind Parteien mit vollständiger Organisation in allen Provinzen und mit bedeutenden Organen in der Presse, doch haben sie beide zusammengenommen nicht das Prestige der Progessisten-Demokraten, oder wie sich auch sonst die Partei Don Manuel Ruiz Zorilla's nennt, der Progessisten-Republikaner. Diese sind die Nachfolger und Erben der ruhmreichen Freiheitskämpfer, Riego und Espartero und sie waren es, welche die Septemberrevolution von 1868 machten. Die Revolutionäre aller Länder sehen mit Geringschätzung auf alles Ueberlieferte und das Traditionelle, nur ihre eigenen Traditionen pflegen sie sorgfältiger, als es selbst die römische Kirche thut.

Während der Opportunismus Castelar's keine Kampfesbegeisterung einflößt, sondern täglich ermahnt, die Zeit wirken zu lassen und nichts zu übereilen, sind die Zorillisten eine fest organisirte schneidige Kampfpartei, die ihr Augenmerk vornehmlich auf das Heer geworfen und in demselben bedeutenden Anhang gefunden hat. Castelar ist als Redner und Schriftsteller hervorragender als Zorilla, dieser wiegt dagegen mehr als praktischer Staatsmann, Debatter und Parteiführer. Ruiz Zorilla hat außerdem den Vorzug, daß er niemals, wie Castelar, seinen Ueberzeugungen untreu geworden ist und das imponirt in einem Lande, wo die Politiker auf die leichtsinnigste Weise Schwenkungen machen — z. B. der Republikaner Romero Robledo ins konservative Lager, Christino Martos von der Partei Zorilla's ins Lager Sagasta's, u. s. w. — Ohne Zweifel werden die „Wilden", die Gruppe der republikanischen Union, deren Mitglieder, wie Ascáwate Padregal, Labra, Portuondo, Carvayal und andere tüchtige und verdiente Männer, von großem politischen und sozialen Einflusse sind, sich demnächst auch an die Partei der Zorillisten anschließen. Schon jetzt ist sie die Basis der Revolution und wird gewiß auch die Basis der Republik bilden; ihr Programm ist daher für Gegenwart und Zukunft von Interesse.

Im Nachstehenden geben wir dasselbe seinem vollständigen Wortlaute nach wieder. Es ist bekannt unter dem Namen: Das Manifest der progessistisch-republikanischen Partei vom 1. April 1880. Einige Kürzungen dürften den deutschen Lesern vielleicht erwünscht erscheinen, doch wird es andererseits vielen derselben interessant sein, ein solches Schriftstück in seiner Totalität beurtheilen zu können. Die Bedeutung der resp. Partei rechtfertigt überdies die vollständige Wiedergabe ihres Programmes.

Das Manifest
der progressistisch-republikanischen Partei.

Ursachen, die zu wohl bekannt sind, um der Erwähnung zu bedürfen und Ereignisse, die mit denselben in Zusammenhang stehen und beherzigenswerthe Lehren für die Zukunft enthalten, so sehr sie auch das Unglück des Vaterlandes in der Vergangenheit waren, haben die spanische Demokratie in mehrere Gruppen getheilt: trotz der Differenzen, welche dieselben trennen, stimmen sie alle in den großen Prinzipien der modernen Freiheiten überein, in der Anerkennung der individuellen Rechte und in der Proklamirung der Souveränität der Nation als einzige Quelle der Macht.

Zwei große Bedürfnisse machen sich gegenwärtig in der spanischen Demokratie fühlbar: das eine wird von Allen empfunden, die zu derselben gehören, nämlich die Vereinigung sämmtlicher demokratischen Fraktionen zur Erreichung desselben Zieles auf gleichem Wege; das andere Bedürfniß wird von Denjenigen empfunden, welche bis dahin verschiedenen Gruppen angehört haben und gegenwärtig der Strömung der öffentlichen Meinung zu folgen und den Aspirationen der Majorität der Demokraten und den Bedürfnissen des Landes entgegenzukommen glauben, indem sie in eine große Partei verschmelzen.

Es ist schwerer zu verstehen, warum sich jene verschiedenen Gruppen, jene zahlreichen thätigen und einflußreichen demokratischen Centren und bedeutenden Individualitäten nicht schon längst zu einem einzigen Willen verbunden haben, da doch ihre Wünsche dasselbe Ziel hatten. Und noch weniger kann man das begreifen, wenn man erwägt, daß diese selben Ideale zugleich die Ideale des Vaterlandes sind und daß sie alle gemeinsam einen kräftigen Organismus bilden könnten, welcher das wohlthuende Werk verwirklichen möge, das die Demokratie vollbrächte, wenn sie die Aspirationen der liberalen Meinung des Landes von der Regierungssphäre aus zum Gesetze macht. Was in langen Jahren nicht hat geschehen können, ist heute, Dank dem Gesetze der moralischen Anziehungskraft, ohne welche kein Organismus, noch irgend welches dauernde Leben, noch der kollektive und beständige Fortschritt möglich wäre, zur Thatsache geworden: bedeutende und verschiedenartige demokratische Kräfte haben sich genähert und endlich die Einheit der Aspirationen und die Uebereinstimmung in den Mitteln der Verwirklichung derselben zu Stande gebracht. Mächtige Strömungen drängen, von gleicher Triebfeder bewegt, von allen Seiten zum gemeinsamen Centrum. Die Einheit der Prinzipien und der Mittel sie zu verwirklichen, wird von Allen gewünscht; Alle begrüßen dieselbe Fahne, die über ihnen flattert und die Bildung einer großen Partei ist eine vollendete Thatsache, welche das gegenwärtige Manifest darlegt, das öffentlich und feierlich von allen Demokraten, die es unterschrieben haben, oder die sich ihm anschließen, beglaubigt worden ist.

Diese Partei tritt auf den politischen Kampfplatz mit allen Regierungsbedingungen, über welche die Demokratie in Europa verfügt, und zu gleicher Zeit erhebt sie den Anspruch den Tag, wo der natürliche Lauf der Ereignisse die Konservativen zwingt, die neuen Ideale anzunehmen und sie, was wir lebhaft wünschen, eine große politische Gemeinschaft bilden, die mit uns die Verantwortlichkeiten des öffentlichen Lebens theilt, innerhalb jener Demokratie eine eminent liberale und fortschrittliche Partei zu bilden.

Da die progessistisch-republikanische Partei eine wirkliche Partei und keine für momentane und bestimmte Zwecke gebildete Coalition ist, die sogleich am Tage nach dem Siege auseinanderfällt, muß sie ihre Prinzipien formuliren. Diese Aufgabe wird ihr außerordentlich von der allgemeinen Achtung erleichtert, welche sämmtliche Demokraten der Verfassung von 1869 zollen, die in gewissem Sinne ihr gemeinsames Werk und selbst sogar der konservativen Partei war. Sie ist der gemeinsame Gesetzesboden aller Jener, welche Theil an der Septemberrevolution (1868) genommen haben, und Schild und Garantie der erbittertsten Gegner derselben, denn die Freiheiten und Rechte, welche das erste Kapitel enthält, sind gewiß mächtige Waffen im Kampfe zur Verwirklichung aller dieser Ideale.

Die progessistisch-republikanische Partei erklärt sich mithin für die Aufrechterhaltung jener Constitution.

Indessen verstreicht die Zeit nicht vergeblich und die Ereignisse verpflichten uns, gewisse Modifikationen vorzunehmen, die theils von der Dialektik der Prinzipien und theils von der natürlichen Erweiterungsfähigkeit der demokratischen Institutionen gefordert werden. Die Bildung der neuen Partei ist das Resultat zwar langsamer, aber natürlicher, spontaner und unwiderstehlicher Arbeit, welche während der letzten fünf Jahre im Schooße der spanischen Nation stattgefunden hat; und um diesem neuen politischen Organismus Körper und Leben zu verleihen, denn Seele besaß er schon, sind keine weiteren Weglassungen nöthig gewesen, als solche, die sogleich auf der Hand lagen und da wir keine zweideutigen Formeln suchen, welche die Ideen, Prinzipien und Differenzen der Willkür der Interpretation überlassen, wollen wir hiermit die in die Verfassung von 1869 eingefügten Abänderungen angeben. Da der engherzige Geist, welcher uns beherrscht und die berechtigten Aspirationen des freien Gedankens mit Mißtrauen beurtheilt, ist das unmöglich und wir müssen uns für jetzt darauf beschränken, die Prinzipien anzudeuten, welche unsere Partei zu beseelen haben, um jene Modifikationen vorzunehmen, sobald dieselbe in der Lage sein werde, sich konkret auszudrücken und die Verfassung der spanischen Nation zu geben.

Die progessistisch-republikanische Partei proklamirt die Einheit des Vaterlandes, das Werk unzähliger Heroen und Märtyrer; das Symbol des Ruhmes der Vergangenheit; der Boden, wo die demokratischen Eroberungen sich siegreich entwickeln und welcher in der Zukunft Ausgangspunkt größerer Fortschritte sein soll.

Diese Einheit setzt die Einheit des Staates voraus und diese letztere wieder die Existenz und das Bestehen großer Machtmittel und Institutionen, von welchen die Einheit abhängt. In ganz Spanien muß deshalb ein Gesetz, eine Exekutivmacht, eine Macht der Erhaltung dieses Gesetzes und schließlich eine Gerechtigkeit existiren, welche das Gesetz wieder herstellt und reformirt, wenn es der Verbesserung bedürftig wäre.

Die spanische Nation giebt, als einzige und in den aus allgemeinem Wahlrecht hervorgegangenen Cortes vereinigt, als oberste Macht die Gesetze, welche überallhin reichen müssen, wohin die Souveränität der Nation reicht, ohne daß irgend ein untergeordneter Organismus, heiße er Provinz, oder Stadt, dem Gesetze ein anderes Gesetz, der Verordnung eine andere Verordnung und jenem höheren gesetzesschöpferischen Willen einen anderen Willen entgegenstellt. Indessen beachte man wohl, daß wir, indem wir diese Gesetzeseinheit und ihren weiten und obligatorischen

Charakter anerkennen, nichts über ihren inneren Gehalt sagen; denn obwohl es sich auf alle Spanier bezieht, soll es deshalb nicht absorbirend, zentralisirend, oder der freien Thätigkeit der Individuen und Korporationen nachtheilig sein. Es giebt Gesetze, wie diejenigen, welche die Rechte der menschlichen Persönlichkeit betreffen, die für alle obligatorisch sind: weder die Stadt-, noch die Provinzial-Vertretungen, noch irgend eine Korporation dürfen gegen die Denk- und Gewissensfreiheit Gesetze geben; demnach ist diese Begrenzung der Befugnisse, weit entfernt eine absorbirende Thätigkeit des Staates zu bilden, eine Gewähr großer demokratischer Freiheiten und geheiligter Rechte der Nation. Deshalb sind wir der Ueberzeugung, daß die Gesetze, welche den souveränen Willen der Nation ausdrücken, ebenso obligatorisch für die ganze Nation sind, wie jene Menschenrechte.

Wie die Gesetzgebung eine ist, so soll auch die Exekutivmacht, welche die Gesetze zur Ausführung bringt, ohne jemals die freie Thätigkeit niederer Organismen des Staates zu beeinträchtigen, noch in ihre besondere Thätigkeitssphäre einzudringen, eine sein.

Die Einheit der Exekutive des Willens der Nation setzt die Einheit der Machtmittel voraus; die progressistisch-demokratische Partei proklamirt deshalb die Nothwendigkeit einer bewaffneten Macht, des Heeres und der Marine, welchem wir als einem gemeinsamen Institute unsere Achtung entgegenbringen. Ein Heer ist nothwendig, doch ein Heer, welches seinen Ursprung nicht in der Macht, sondern im Rechte sucht: welches eine seiner höchsten Pflichten erfüllt, indem es die Nation repräsentirt, welches sich mit derselben eins fühlt, stets die Stütze der Autorität und des Gesetzes ist und sich niemals in den Feind der öffentlichen Rechte und Freiheiten verwandeln kann. Der Militärdienst ist obligatorisch für Alle; das aktive Heer muß so zahlreich sein, wie es die Bedürfnisse des Landes erfordern und der Staatsschatz gestattet; Achtung vor den geheiligten Rechten eines zahlreichen und gebildeten Offizierskorps, welches die edlen Traditionen der Vergangenheit treu bewahrt; eine strenge Disziplin, wie es jede bewaffnete Macht erfordert und als Fundament und Basis des ganzen Systems große gutgeschulte Reservemassen, welche in einem äußersten Kampfe die ganze Nation in Waffen repräsentiren und eine Kriegsflotte im Verhältniß zu unserer geographischen Lage. Das ist, was die progressistisch-demokratische Partei heute auf ihr Banner schreibt, um es im gegebenen Falle zu verwirklichen.

In ganz Spanien wird die Magistratur eine einzige Macht bilden, welche das Recht spricht. Und es ist unnöthig zu sagen, welche Meinung unsere Partei in den schwierigen Problemen der Justizpflege bekennt, denn es ist bekannt, daß die Demokratie stets das Prinzip der richterlichen Unabsetzbarkeit proklamirt hat, eines Prinzipes, das sie früher schon von der Macht aus befolgt hat und das sie wieder befolgen wird, sobald sie triumphirt; desgleichen ist bekannt, daß sie die Institution der Geschworenen, welche in allen civilisirten Nationen eine der großen Institutionen der Demokratie ausmacht, einführen wird.

Das allgemeine Wahlrecht ist das Volk, welches sich selbst seine Gesetze giebt; ein wirklich nationales Heer ist das Volk, welches selbst das Vaterland und zugleich die Ordnung und die Freiheit vertheidigt; und die Geschworenen, durch welche das Volk seine vielleicht höchste Funktion ausübt, sind die drei Stützpunkte, auf welchen das ganze moderne Gebäude des neuen demokratischen Rechtes ruht.

Indessen schließt die Einheit des Staates und alles, was damit in Beziehung steht, keineswegs eine weitgehende ökonomische und administrative Dezentralisation aus; diese Partei erkennt die Initiative der Stadtgemeinde und der Provinzen als juridischer Personen und als autonome Organismen des lokalen Lebens in ihrer Sphäre an und bekennt sich folglich für die Dezentralisation: Die Stadtgemeinden und die Provinzialkörperschaften leiten und verwalten ihre respektiven Interessen und besitzen die freie Ausübung ihrer besonderen Autonomie, ohne andere Beschränkungen, als die Achtung vor den verfassungsmäßigen Rechten und die Unterwerfung unter die von den Cortes gegebenen allgemeinen Gesetze der Nation. Sie genießen demnach die ihnen zukommenden Rechte als juridische Personen und ebenso, wie die Verfassung von 1869 und diejenige von 1876, erkennen wir ihnen sowohl wie anderen Körperschaften, als dauernde soziale Institutionen, ständige Vertretung im Senate an, damit auf diese Weise alle individuellen und kollectiven Thätigkeiten am Gemeinleben des Staates Antheil nehmen.

Unsere Partei wird sich stets von einem weiten und großen Gesichtspunkte leiten lassen und allen großen und neuen Ideen zugänglich sein, sobald dieselben die wesentlichen und dauernden Grundlagen der sozialen Ordnung nicht zerstören; sie gestattet allen Schattirungen innerhalb ihrer selbst die vollständige Freiheit der Meinungsäußerung; niemals wird sie sich der Excommunikation als Waffe bedienen und verlangt nur, da das eine unabweisbare Lebensbedingung jeder politischen Partei ist, absolute Anerkennung der Beschlüsse der Parteimajorität.

Dieses politische Programm, oder besser Manifest, behauptet die Existenz einer neuen Partei und es ist deshalb unmöglich, gewisse Fragen allerhöchster Bedeutung die indessen anderen Fragen untergeordnet sind, hier zu behandeln. Indessen existiren einige Punkte vitalen Interesses, die nicht vergessen werden dürfen, da sie in der That noch ungelöste Probleme der spanischen Gesellschaft sind.

Zur Verbesserung unserer Finanzen versprechen wir keine leichten und raschen Mittel: denn die Enttäuschung müßte auf dem Fuße folgen, denn die Verluste der Bürgerkriege sind noch nicht überwunden und noch klaffen die Wunden. Mehrere Generationen und Regierungen, die sich selbst väterliche nannten, gefielen sich in ihrem alten Laster mehr zu verbrauchen, als sie einnahmen. Wir können allein behaupten, daß die Männer, welche die Verfassung vom Cadix gaben, den öffentlichen Geist im Jahre 1836 durch ihr Beispiel erhoben und erst 1868 von neuem zur Regierung kamen, einzig Geld aufnahmen, um Schulden zu bezahlen, oder den Karlismus zu bekämpfen und in den schwersten Verhältnissen große Reformen vollbrachten, deren Früchte andere geerntet, oder vernichtet haben, im Widerspruche zum Namen Konservative. Unsere Vergangenheit erklärt die Zukunft. Für alte Uebel giebt es keine raschen und zauberhaften Heilmittel. Moralität, Voraussicht und Ausdauer erleichtern und heilen Uebel, deren Beseitigung vorher unmöglich schien.

Unsere Partei setzt sich zur Aufgabe, das furchtbare Problem der Empleomanie zu lösen, dessen Lösung nothwendig ist, damit die öffentliche Verwaltung nicht beständigen Unregelmäßigkeiten ausgesetzt ist; sie gedenkt, vom selben Wunsche beseelt, eine wirkliche Verwaltungs-Prozedur zu schaffen, die Kriminal-Rechts Verwaltung dem obersten

Tribunale zu übergeben und die vorherige Autorisation zur gerichtlichen Verfolgung der Beamten aufzuheben, damit die Administration niemals Garantie der Straflosigkeit, noch der Komplice der widerwärtigsten der Tyranneien, der Büreaukratentyrannei, werde.

Die demokratisch-progressistische Partei hat es nicht nöthig, ihre Anschauung in Betreff des öffentlichen Unterrichtes auseinanderzusetzen, doch kann sie nicht mit Stillschweigen darüber hinweggehen. Die Majorität der Demokraten Spaniens, wie diejenigen fast ganz Europas, erkennt cn, daß der Elementarunterricht umsonst und obligatorisch sein und aus den Mitteln des Staates bestritten werden soll.

In Betreff der übrigen offiziellen Unterrichtssphären behauptet diese Partei, daß die Lehrinstitute alle Unabhängigkeit besitzen müssen, die ihrer hohen Aufgabe entspricht; daß sie keine bloßen, der Beamtenwillkür ausgesetzte Stgatsbüreaus sein dürfen; und daß den Lehrern ihre völlige Lehr- und Gewissensfreiheit garantirt werde, welche die unveräußerliche Bedingung der Erforschung und Verbreitung der Wahrheit im geheiligten Reiche des Gedankens und des erhabenen Gottesdienstes der Lehrthätigkeit ist.

Ein Problem nicht weniger schwierig, welches ebenfalls nicht schweigend übergangen werden darf, ist dasjenige unserer überseeischen Besitzungen.

Die Verwaltung der Kolonien hat sich außerordentlich im Laufe der Zeit erschwert und zehn Jahre Bürgerkriege haben die Lage der großen Antillen im hohen Grade verschlimmert. Das System des Aufschiebens hat definitive Lösungen unmöglich gemacht. Statt ihrer beharrte man beim absolutistischen status quo der Generalgouverneure, wodurch die Gemüther derjenigen, welche das mit der modernen Culturepoche in größerer Uebereinstimmung stehende Leben der Metropole vergleichen, erregt werden. Unsere Gesinnungsgenossen schafften die Sklaverei in Puerto-Riko ab und dehnten die Freiheiten der Halbinsel auch auf die Antillen aus. Wir behaupten jetzt, wie vorher, daß der status quo und das Aufschieben der Reformen durch die Thatsachen verurtheilt worden ist, und daß man sich entscheiden muß, sofort und entschieden die Freiheit dorthin zu tragen, indem man dieselben den Provinzen der Metropole assimilirt. Dieses System soll nach der Ansicht der Einen definitiv und nach derjenigen der Anderen blos vorbereitend und vorübergehend sein, wobei jedoch in keinem Falle die Einheit des Vaterlandes beeinträchtigt werden darf. Vermieden muß werden die konfuse Mischung von Assimilation und Autonomie, wo das erstere Prinzip beobachtet wird, wenn's der Vortheil des Mutterlandes bedingt und die Autonomie gewährt wird, wenn es sich um besonderes Budget und Schulden handelt.

Das sind unsere Aspirationen und um dieselben seinerzeit zu verwirklichen, wünschen wir die gesammte Demokratie zum gemeinsamen Werke in Eintracht und Uebereinstimmung zu vereinigen: die vernünftige Grundlage dieser Uebereinstimmung kann keine andere als die Verfassung von 1869 sein, welche Allen als die hinreichende Garantie gilt, auf daß die Parteien, ohne jegliche Ausnahme, innerhalb der von ihr gesteckten Grenzen friedlich ihre Ideen verbreiten, bis sie die Gunst der öffentlichen Meinung erlangt haben. Die Verfassung von 1869 soll das Bindeglied aller demokratischen Elemente sein; ihr müssen wir uns heute alle mit Achtung und unwandelbarem Gehorsam unterordnen, bis die Nation für unsere Ideale gewonnen ist und die gesetzgebende Macht die endgültige und demokratische Gesetzlichkeit bestimme und sanktionire, die in Spanien herrschen solle; eine Gesetzlichkeit, welche, wir wiederholen es, beständigen Modifikationen je nach den veränderten Bedürfnissen des Landes, oder den Forderungen der öffentlichen Meinung ausgesetzt bleiben soll.

Mit den auseinandergesetzten Vorsätzen ist die demokratisch-progressistische Partei bestrebt, nicht nur eine Hoffnung der öffentlichen Freiheiten und feste Garantie der sozialen Ordnung zu sein, sondern wünscht jene tumultuarischen, anarchischen und mörderischen Bewegungen durch jene feste und sichere und einzig die Ordnung garantirende Bewegung zu ersetzen, welche unser Spanien auf dem immer glorreichen, aber rauhen und schwierigen Wege des Fortschrittes der Menschheit und der modernen Civilisation dem ruhmvollen Schicksale zuführen wird, welches ihm die Zukunft bestimmt hat.

Madrid, den 1. April 1880.

Man sieht die bedeutendsten Schwierigkeiten sind in dem Programme berücksichtigt worden, nur ist es sehr fraglich, daß es den Republikanern gelingen wird, die tief eingewurzelten Uebel, an welchen ihr Land siech liegt, auszurotten. Die ungeheure Staatsschuld gestehen auch sie nicht sogleich liquidiren zu können, nach wie vor müssen fast die Hälfte der Staatseinkommen für Zinsentilgung verausgabt werden. Ebensowenig dürften die Repubikaner die heillose Beamtenwirthschaft reformiren können, da dazu tiefeinschneidende decentralistische Reformen und Beseitigung des Parteiabsolutismus nöthig wären, wozu sich aber keine Partei, welche am Ruder sitzt und deren Freunde vom Budget zehren, verstehen will. Ach, und zehntausendenweis werden sich hungrige republikanische Ex-Beamten auf die Vakanzen stürzen, sobald Ruiz Zorilla, Castela, oder Pi y Margall ans Ruder kommt. Für lange Zeit wird der Unterschied zwischen der Administration der Monarchie und derjenigen der Republik sehr gering sein, statt Peter Alexandrovitsch kommt eben, wie man in Rußland sagt, Alexander Petrovitsch. Mit der Büreaukratentyrannei und

Dieberei bleibt es auch in der Kolonialpolitik und in der Militärfrage beim Alten. Wenn die Beamten drei viertel der Staatseinkommen stehlen, bleibt natürlich für Reformen im Heere und in der Flotte nichts übrig.

Unparteiisch eingestanden glaube ich, daß während der ersten Jahre der Republik die Mißbräuche und Verschleuderungen diejenigen der monarchischen Regimes übertreffen werden — es sind eben so zahlreiche Republikaner für geleistete Dienste und während 12 Jahre ertragener Armuth und Noth durch einträgliche Posten zu entschädigen! Erst wenn die Justizreform die höchstgestellten Diebe und Schurken vor den Kriminalrichter bringt und wenn die Masse durch die revolutionäre Agitation gegen die dekorirten Spitzbuben drohend wird und die korrumpirten Mittelklassen zur Ehrlichkeit und Pflicht ermahnt, ist eine Besserung zu hoffen. Denn man kann sich in Deutschland keinen Begriff von der hiesigen Wirthschaft machen, während die Mittelklasse Deutschlands die ehrliche Arbeit, Intelligenz und Rechtschaffenheit repräsentirt, ist sie in Spanien eine durch und durch korrumpirte und arbeitsscheue Masse, die sich heerdenweis in die Beamtenstuben drängt, weil sie dort sorglos ihren kärglichen Monatsgehalt bezieht, nicht, oder nur sehr wenig zu arbeiten braucht und dann nach 4—5 Stunden, die ein spanischer Beamter durchschnittlich rauchend, plaudernd und zeitunglesend im Büreau verbringt, mit dem feingebürsteten Zylinder und dem kokettem Stöckchen auf den paseo die Frauenwelt betrachten kann. Selbstverständlich, daß diese arbeitsscheuen und ungewohnten Hände sich zuvorkommenst gegenseitig waschen.

Ohne Zweifel muß Spanien etwas für seine Colonien thun, wenn es sie nicht früher oder später verlieren will, denn weder Kuba, Puerto-Rico, noch die Philippinen werden als Objekte administrativer Diebereien dienen wollen. Die separatistischen Bestrebungen sind in allen spanischen Colonien recht mächtig. Die Karolinenfrage hat auch hierin dem trägen Volke einen heilsamen Schrecken eingejagt. Der Philippinen wegen befürchten die Spanier deutsche Niederlassungen auf den Karolinen. Die weitabliegenden Marschall-Inseln würden ohne viel Umschweife verschmerzt werden, in der Besetzung Yap's erblicken sie die erste Etappe zur schließlichen Eroberung der Philippinen, auf welchen sich die Deutschen häuslicher niedergelassen haben, als ihre eigenen Besitzer, da die dortigen Spanier ausschließlich Beamte sind, welche auf etwa vier Jahre hinkommen, um sich zu bereichern und dann in die Heimath zurückkehren, während zahlreiche deutsche Kaufleute, Handwerker, Apotheker, Aerzte u. s. w. sich in Manila und anderen Städten der Philippinen bleibend niedergelassen haben.

Die spanischen Colonien sind für's Mutterland so wichtig, daß dieses Recht hat, ihnen besondere Aufmerksamkeit zu schenken und ihretwegen eventuell Heer und Flotte bedeutend zu reformiren. Noch immer besitzt Spanien 429,022 Quadratkilometer überseeische Besitzungen, deren Bevölkerung im Jahre 1882 sich auf 7,963,467 Personen beläuft, was für ein Land von blos 18 Million Einwohnern eine sehr bedeutende Ziffer ist. Davon fallen: auf die amerikanischen Antillen, Cuba und Puerto-Rico: 118,833 resp. 9314 Quadrat-Kilometer und 1,521,684 resp. 748,098 Einwohner; auf die Philippinen 296,182 Quadrat-Kilometer und 5,559,020 Einwohner; auf die Marianen: 1,140 Quadrat-Kilometer und 8665 Einwohner; auf die Karolinen 700 Quadrat-Kilometer und 22000 Einwohner; auf die Palaos 750 Quadrat-Kilometer und 14,000 Einwohner; und endlich auf die Colonien Annabon und Fernando Pó in Afrika 2,103 Quadrat-Kilometer und 30,000 Einwohner.

Der Bedeutung dieser Besitzungen und der Küstenentwickelung des Mutterlandes entspricht keineswegs die spanische Kriegsflotte, deren absolute Unzulänglichkeit sogleich fühlbar wurde, als sich Spanien im Besitze der Karolinen bedroht sah. Nach den offiziellen Daten vom 1. Januar d. J. besteht die Flotte aus folgenden Kriegsschiffen:

1. Ranges: Viktoria und Numancia: 561 Mann an Bord; Sagunto: 554; Zaragoza: 536; Menendez Numez: 381; Almansa: 537; Nawas de Tolosa: 508; Gerona: 539; Castilla und Aragon: 385; Carmen: 452; Loaltad: 415; Concepcion: 420; Blanca: 401; Asturias: 174; Navarra: 335; Alfonso XII., Reina Marcedes, Gerona und Reina Cristina.

2. Ranges: Velasco: 174; Jorge Juan: 177;

Maria de Molina: 210; Consuelo: 142; Vencedora: 163; Afrika: 140; Bazan: 123; Vulcano: 119; Piles: 124; San Quintin: 179; Isabell II., Infante Isabel, Juan de Austria und Crist. Colon.

3. **Ranges** sind 33 Schiffe genannt.

Außerdem sind vier Ponton-Schiffe: Isabelita, Caribe, Sante Lucia und Terrolana und ebensoviele Torpedo-Boote: Rigel, Castor, Polux und Aire angegeben.

In Summa besteht die spanische Kriegsflotte, abgesehen von den kleinen Küstenkreuzern und dgl., aus 20 Schiffen ersten Ranges, 19 zweiten und 33 dritten Ranges mit 4 Pontons und 4 Torpedo-Booten.

Hierzu muß bemerkt werden, daß die Mehrzahl dieser Schiffe, alte im Kriege unbrauchbare Charteken und mehrere der besten neugebauten Schiffe noch nicht völlig armirt sind. Man muß also die nackten Zahlen sehr kritisch behandeln, um sich keinen Illusionen über Spaniens Seemacht hinzugeben. Die aus freiwilligen Sammlungen projektirten Schiffe halte ich so lange für problematisch, bis sie in corpore auf der See liegen, denn Spanien ist das Land der großmüthigen Versprechen.

Um sich einen richtigen Begriff von der Streitkraft der spanischen Flotte zu bilden, muß man die offiziellen Daten sehr sorgfältig erwägen. Die fünf Panzer-Fregatten ersten Ranges sind schon sehr abgängig und dem Seekriege von heute nicht mehr gewachsen, sie sind fast sämmtlich über 20 Jahre auf dem Wasser gewesen: die Zaragozzo, mit 17 Kanonen und 800 Pferdekraft ist 1862 erbaut; Menendez Nunnez, 6 und 500, von 1859; Numancia, 15 und 1000, von 1863; Victoria, 11 und 1000, von 1865; und Sagunto, 11 und 1000, vom Jahre 1869. Ebenso wenig auf der Höhe der Anforderungen stehen die 9 Holz-Schrauben-Fregatten: Villa de Madrid (1860 erbaut), Almansa (1864), Navas de Tolosa (1865). Gerona (1864), Asturias (1857), Carmen (1861), Lealtad (1860), Concepcion (1858) und Blanca (1859). Einige von ihnen sollen wegen Seeuntüchtigkeit in schwimmende Batterien verwandelt werden.

Am tüchtigsten sind die Kreuzer ersten Ranges: Castilla, Aragon und Navarra, welche mit 8 Kanonen und etwa 1000 Pferdekräften in den Jahren 1881 und 1879 entstanden sind. Ihnen schließen sich die eben in der spanischen Werft von Carracas ihrer Beendigung entgegensehenden Kreuzer Reina Cristina und Reina Mercedes, zu Ehren der Gemahlin und Tochter Alfonso XII. benannt, und das Panzerschiff Alfonso XII., welches im Juni v. J. in Fronkreich bestellt wurde, an.

Zum Kriege völlig untauglich sind die 6 Räderdampfer: Cadix, Isabella Catòlica, Blasco de Garay, Vulcano, Lepanto und Piles, deren Alter zwischen 45 und 35 Jahren schwankt. Unter den 10 Schraubenkreuzern ersten Ranges theilen die Hälfte das Schicksal der Räderdampfer, die übrigen gehören zu den brauchbarsten Schiffen der spanischen Flotte. Es sind: der durch die Affaire von Jap bekannt gewordene Velasco mit 3 Kanonen, 174 Mann Besatzung und 1600 Pferdekraft, im Jahre 1881 erbaut; Gravina, aus demselben Jahre und von gleicher Stärke; Maria de Molina, mit 10 Kanonen, 210 Mann und 300 Pferdekraft (1877) und die beiden Kreuzer Jorge Juan und Sanchez Barcaiztegui mit je 3 Kanonen, 173 Mann und 250 Pferdekräften. Die Transportschiffe San Quintin und Legaspi sind noch seetüchtige Fahrzeuge, das erstere ist von 1700 Tonnengehalt und führt 2 Kanonen mit sich.

Unter den Panzerschiffen dritter Klasse werden offiziell

33 angeführt. Ihre Pferdekraft schwankt zwischen 47 bis 600 und sie führen blos eine, zwei oder drei Kanonen und höchstens 118 Mann Besatzung. 26 derselben sind Schraubenschiffe und der Rest sehr alte Räderdampfer, die kaum im Kriege in Betracht kommen dürften. Ueberdies werden 72 Schiffe aufgezählt, die den Küstendienst am Festlande und in den Colonien versehen, fünf derselben sind Segelschiffe.

An die so außerordentlich wichtige Frage der Torpedoboote ist hierselbst erst im Jahre 1878 ernsthaft herangetreten worden. Besonders verdient hat sich der Seeoffizier Tomas Olleros darum gemacht: den Anregungen seiner Schrift: „Studien über die Zukunft der Kriegsflotte in Spanien“ (Madrid 1876), ist es zu verdanken, daß d. 23. April 1878 ein königl. Dekret den Torpedodienst organisirte und d. 6. Sept. desselben Jahres in Cartagena eine Torpedoschule eingerichtet wurde. Bis jetzt sind blos 4 Boote von 12, 14, 17 und 19 Mann Besatzung angeschafft worden. Daß auch in Spanien der Kampf des Neuen gegen das Alte mit Heftigkeit geführt wird, bewiesen die letzten Cortesdebatten über die Verstärkung der Kriegsflotte. Der Minister Juan Antequera brachte ein Reformprojekt vor, welches vorschlug, 14 große Panzerschiffe zu bauen. Die Parteigänger der Torpedos wußten dem Minister indessen so scharf zuzusetzen, daß die Proposition nicht durchging und derselbe sich gezwungen sah, das Feld zu räumen und dem gegenwärtigen Marineminister, Viceadmiral Pezuelas, das Portefeuille zu übergeben.

Mehr entspricht das Landheer der internationalen Stellung einer Macht von 25 Million Einwohnern und die eigenthümliche Topographie, sowie die klimatischen

Verhältnisse beschützen Spanien vor einem Ueberfalle von außen, oder machen es wenigstens wahrscheinlich, daß es dem Gegner wie einst den Heeren Napoleon I. ergehen wird. Die Angaben J. Rau's in seinem schätzbaren Werke: „L'Etat militaire des principales puissances étrangères au printemps de 1883" bedürfen nur sehr geringer Correkturen, da in der Infanterie keine numerischen Veränderungen stattgefunden haben und die Artillerie blos im vorigen Jahre durch ein in Alcalá gebildetes Regiment und die Kavallerie durch sechs neue Schwadronen vermehrt worden ist.

Die spanische Infanterie besteht aus 60 Linienregimentern zu je 2 Bataillons und 20 Jägerbataillons. Die Ziffern gehen von 1 bis 60 und von 1 bis 20, und außerdem hat jedes Regiment und jedes Jägerbataillon einen besonderen Namen. Im Frieden hat jedes Bataillon 431 Gemeine und 27 Offiziere; im Kriege 1000 Gemeine. Jedes Bataillon zerfällt in 4 Divisionen und diese wieder in 4 Sektionen. Außerdem kommen 140 Reservebataillone und eben so viele Bataillone de dépôt, deren Kadres schon in Friedenszeit mit 20 bis 25 Offizieren auf jedes Bataillon existiren. Im Kriege kann also Spanien über folgende Streitkräfte verfügen:

		Mann:
140	Bataillone aktiven Heeres . . .	140,000
140	„ Reserve	140,000
140	„ de dépôts	168,000
35	„ (140 Compagnien) de dépôts des aktiven Heeres	28,000
35	„ (140 Compagnien) de dépôts des Reserveheeres	28,000
490	Bataillone mit	504,000 Mann.

Die Artillerie umfaßt gegenwärtig 9 Regimenter schwere Artillerie und 3 Regimenter leichte Bergartillerie. Die Regimenter 1 bis 6 haben je 5 Batterien zu je 4 Kanonen in Friedens- und 6 Kanonen in Kriegszeiten zu 8 cm Kaliber. Die Regimenter 7 bis 9 haben Kanonen von 9 cm Kaliber. Die Bergartillerie hat ebenfalls Geschütze von 8 cm. Außer diesen 55 activen Batterien sind im Jahre 1882 6 Reserveregimenter geschaffen worden. Demnach verfügt die Armee im Kriege über:

55	aktive Batterien	mit	330	Geschützen
30	Reservebatterien	mit	180	"
85	Batterien mit		510	Geschützen.

Die Kavallerie hat unlängst eine neue Organisation erhalten, weshalb Rau's Angaben nicht mehr zutreffen. Die früheren 24 Schwadronen de depósito sind zugleich mit den Schwadronen von Mallorca und Coruña abgeschafft, dafür sind 4 aktive und 4 Reserve-Regimenter neu geschaffen worden. Gegenwärtig zählt die Cavallerie 224 Schwadronen mit 10,000 Reitern im Frieden und 20,000 im Kriege.

An der Tapferkeit der spanischen Armee und Flotte ist nicht zu zweifeln. Das Offizierkorps dürfte indessen nicht auf der Höhe der heutigen Militairwissenschaften stehen, und die Verwaltung und Intendantur liegt an den Gebrechen der spanischen Beamtenwirthschaft im Allgemeinen nieder, Gebrechen, die keine baldige Heilung in Aussicht stellen. Als Bundesgenosse ist Spanien also weder für eine Land- oder Seemacht von großem Werthe. Dazu kommt noch, daß der eventuelle Verbündete in Folge der Unsicherheit der spanischen inneren Verhältnisse nicht einmal auf diese geringen Streitmittel mit Sicherheit zählen kann. Was hätte Deutschland gewonnen, wenn es die besten Beziehungen mit der spanischen Monarchie pflegt, und schließlich, wenn es die Früchte ernten will, eine Rupublik vorfindet, die sich aller von ihrem Vorgänger übernommenen Verpflichtungen ledig erklärt?“

Im Vorliegenden habe ich nur flüchtig andeuten können, wie schwankend der Thron Alfonso XII ist. Der König verfügt über eine sehr schwache Partei, sobald die Liberalen mit den Republikanern gehen. oder auch nur die Neutralität beobachten, ist er verloren. Und der unbedeutendste Vorfall, selbst eine persönliche Rankune, kann die ehemaligen Parteigänger Amadeo's und der Republik gegen die Bourbonen kehren. Unter solchen unsicheren Verhältnissen kann von einer zielbewußten auswärtigen Politik keine Rede sein, selbst wenn es gelänge, die Staatsfinanzen einigermaßen in Ordnung zu bringen und für's Heer und für die Kriegsflotte bedeutende Summen zu verwenden. Die spanische Frage drängt sich eben immer wieder unabweisbar auf. Spanien kann nicht erstarken und nach Innen und Außen mächtig werden, bevor es sich endgültig für Monarchie oder Republik entscheidet. Die Dinge liegen allerdings so, daß es kaum möglich scheint, die republikanischen Wogen zurückzudämmen. Die Bourbonen haben zu große und schwere Fehler begangen. Die gesammte spanische Politik schwebt deshalb im Ungewissen und es ist nur zu natürlich, wenn Niemand die Freundschaft einer Macht begehrt, deren nächste Zukunft im Dunkeln liegt. Das Resultat ist eine völlige internationale Isolirung, deren unangenehme Folgen sich sofort fühlbar machen, wenn irgend eine Frage auftaucht, wo die spanischen Interessen direkt bedroht sind, wie z B. bei der Joló-Frage und gegenwärtig bei Gelegenheit der Besitzergreifung der Karolinen durch Deutschland.

Der spanischen Diplomatie fehlen Traditionen, die ihr die Wege weisen und die gegenwärtigen Leiter der auswärtigen Beziehungen des Landes besitzen weder den weiten Blick, um eine von großen Conceptionen getragene auswärtige Politik zu inauguriren, noch besitzen sie Charakter und Prestige genug, um ihren Ideen Nachdruck zu verschaffen. Sie leben in den Tag hinein und der Zufall bestimmt die Entscheidungen der schwebenden Angelegenheiten von Fall zu Fall. Das schlimmste ist, daß sich die im Ministerium ablösenden monarchischen Parteien nicht über eine gemeinsam zu befolgende Grundrichtung ihrer auswärtigen Beziehungen verständigen können. Das liberale Ministerium Sagasta suchte vornehmlich die Freundschaft Frankreich's und England's, während die Konservativen den am Hofe herrschenden deutsch-freundlichen Strömungen folgen. Bei Canovas del Castillo kann hierin von keiner dynastischen Beeinflussung die Rede sein, da er den Schwerpunkt der auswärtigen Politik seines Vaterlandes auf die Erwerbung Marokko's gelegt zu sehen wünscht und zu wiederholten Malen in seinen parlamentarischen Reden und in seinen geistvollen Schriften auf die Gefahr hingewiesen hat, die dem spanischen Einflusse im afrikanischen Kaiserreiche durch Frankreich droht, das seine Nordafrikanischen Besitzungen auszudehnen strebt. Die Konsequenz dieser Richtung ist eine möglichst enge Anlehnung an die mitteleuropäische Großmacht, die an der Nordküste Afrikas keinerlei Sonderinteressen verficht und wohl im Stande wäre, zu Gunsten Spaniens die Pariser Eroberungsgelüste zu zügeln. Daß die Conceptionen Canovas' von den Hofkreisen, welche sich durch die Anlehnung an die starke Hohenzollernmonarchie in ihrer unsicheren Existenz befestigt glauben, günstig beurtheilt und zuvorkommend unterstützt werden, ist ohne

Zweifel, ihre raison d'être liegt indessen in wohlverstandenem Interesse des Landes, ganz unabhängig von allen dynastischen Erwägungen.

Spanien hat keine auswärtige Politik. Die natürliche Folge ist, daß es auch über keinen Verbündeten verfügt. Hat sich England, auf seine Kriegsschiffe bauend, der Theilnahme am europäischen Konzerte durch dauernde Freundschaftsbande entzogen, so ist es genöthigt gewesen, sobald die Kosaken ernstlich Miene machten, in die fruchtbaren Thäler des Indus zu reiten, in Konstantinopel Freunde zu erwerben und mit Deutschland und Oesterreich in engere Beziehungen zu treten. Und Spanien, das wehrlose Spanien, im Vergleich zum meerbeherrschenden Groß-Britanien, wagt es, die Politik der freien Hand zu treiben!

Was denken sich denn eigentlich die Herrn am Manzanares? sind sie so naiv, zu glauben, daß die internationalen Beziehungen plötzlich von humanitären, in den Gelehrtenstuben gepflegten und großgezogenen Idealen eines ewigen Völkerfriedens geleitet werden? Was Spanien mit Waffengewalt erobert und Portugiesen, Holländern und Engländern gegenüber mit dem Schwerte vertheidigt hat, soll plötzlich vor allen Wechselfällen des Schicksals gesichert sein und schöne Eilande, die dem übervölkerten Europa freundlich winken, sollen ewig wüste Strecken bleiben, in denen der wilde Eingeborene sich scheu vor der europäischen Civilisation zurückzieht?

Was Du ererbt von deinen Vätern hast
Erwirb' es, um es zu besitzen!

Die Wahrheit dieser Worte unseres großen Dichters hat das moderne Spanien nicht begriffen. Es hat sich zu sehr durch das süße Phrasengeklingel seiner „großen Redner" in den Schlummer lullen lassen, die ihm nur den Ruhm und die Größe der Vergangenheit mit schmeichelnder Zuvorkommenheit ins Gedächtniß zurückrufen und zu wenig die Erbärmlichkeiten der Gegenwart schildern und nie daran gedacht haben mögen, ihrer Nation das traurige Bild vor die Augen zu rücken, das Spanien dem Auslande bietet. Wie der unmündige Sprosse eines verfallenen großen Geschlechtes, werfen sich die Spanier von heute stolz in die Brust und rufen prahlerisch aus, wenn ihnen ihre Schwäche und Bedeutungslosigkeit vorgeworfen wird: daß Spanien noch immer das Spanien Karl V. sei und die Tapferkeit der Eroberer Amerikas sich nicht vermindert habe. Und auf den durch die Armuth und Unwirthlichkeit des Landes in erster Linie erzwungenen Rückmarsch der Heere Napoleon d. Gr. hinweisend, rufen sie den Gegnern die Worte Beranger's zu:

Traitez avec respect l'Espagne,
Votre maître á tous y perdit ses pas.

In diesem lächerlichen Größenwahn befangen, hat es Spanien unnöthig erachtet, zuverlässige Freunde zu suchen. Völker und Individuen verbindet einzig und allein der Vortheil und zu einer Freundschaft gehört außerdem die Garantie der Dauer. Der beständige Wechsel in der Richtung der Madrider auswärtigen Potitik macht die Anknüpfung dauernder Beziehungen unmöglich und die Nation sieht sich in einer beständigen Isolirung, die sie nothwendigerweise Demüthigungen aussetzt.

Die Rassenrivalität der Spanier und der widerstandsfähigeren Anglo-Sachsen Nord-Amerikas spielt in dem Verhältnisse zwischen Spanien und der großen Republik eine wichtige Rolle, wobei die mit ihren Produkten auf's amerikanische Festland angewiesenen spanischen Antillen den Boden des hartnäckigen Kampfes bilden und natürlich die schlimmen

Folgen der Rivalität in erster Linie zu erleiden haben. Cuba und Puerto-Rico sind der Zankapfel zwischen Spanien und den Vereinigten Staaten von Nord-Amerika. Beide Länder haben ihre Parteigänger auf den Inseln und nie kann man sagen, daß der Bürgerkrieg daselbst zu Ende sei. Beständig kommen Nachrichten aus der Havanna, daß dieser oder jener Bandenführer auf spanischem Boden gelandet und von Regierungstruppen erschossen oder zur Flucht gezwungen wurde.

Die spanischen Antillen haben keine andere Wahl, als bei Spanien zu bleiben, oder von der übermächtigen anglosächsischen Rasse in wenig Jahren ihres spanischen Charakters beraubt zu werden. An eine Autonomie als selbstständige Republik kann füglich nicht gedacht werden, da der Einfluß Nord-Amerikas die Unabhängigkeit sehr bald in ein Protektionsverhältniß verwandeln würde und die Inseln schließlich ein Staat der großen Republik werden müßten. Ebenso wenig könnten sie diesem Schicksale durch einen Anschluß an Mexiko oder eine der übrigen Republiken des spanischen Amerika entgehen, da diesen Staatsgebilden die innere Festigung fehlt und sie deshalb unfähig sind, dem Einflusse Nord-Amerikas entgegenzuarbeiten. Die Cubaner sehen die Nothwendigkeit des Anschlusses an Spanien vollkommen ein, ihre Vertreter in den Cortes zu Madrid, Labra und Portuondo sind deshalb auch warme spanische Patrioten. Das, was sie fordern, ist nichts weiter, als administrative Autonomie und Erleichterung des Exporthandels durch Beseitigung der Zölle,. welche Cuba und Puerto-Rico ökonomisch die Lebensadern unterbinden.

Der ersteren Forderung widersetzt sich hartnäckig der ausgeartete spanische Parlamentarismus, da die Administration der Colonien die Beute der siegreichen Partei ist, die ihre Anhänger durch pecuniäre Vortheile zu entschädigen und zu lohnen hat. Die siegreichen Schaaren stürzen sich dann mit der Gier halbverhungerter Abenteurer, die stellenslos und ohne Mittel jahrelang auf den Sieg gewartet hatten und sich jetzt für die sieben mageren Jahre im reichen Colonialgebiete entschädigen wollen, auf das arme Land. Die Corrumpirtheit der spanischen Colonialadministration ist deshalb denn auch weltbekannt. Der zweiten Forderung wollte Sagasta entgegenkommen. Nach mühseligen Unterhandlungen, welche späterhin vom konservativen Minister des Auswärtigen Elduayen aufgenommen wurden, gelang es gegen das Zugeständniß bedeutender Zollerleichterungen zu Gunsten der amerikanischen Industrieprodukte, dem Zucker der Antillen freie Einfuhr nach Nordamerika zu erwirken, doch scheitert die Ratificirung des Handelsvertrages an der Opposition der Senatoren des Südens im amerikanischen Parlamente, welche die Conkurrenz des spanischen Zuckers für ihre eigene Zuckerproduktion nachtheilig erachten.

Selbstverständlich ist das Verhältniß Spaniens zur nordamerikanischen Republik ein recht gespanntes und da die Demokraten die Erwerbung der spanischen Antillen wünschen, um sich dem republikanischen Norden gegenüber zu kräftigen und daher die anti-spanische Bewegung auf den Inseln durch materielle und moralische Hülfe unterstützen, ist keine Aussicht vorhanden, daß das Verhältniß ein besseres werde.

Ueber die Beziehungen zu England ist wenig zu sagen: wo und wann sich die Gelegenheit bietet, exploitirt Großbritannien das schwache Spanien, welches seinerseits nicht vergessen kann, daß Gibraltar einst vaterländischer Boden war. Der Engländer geringschätzt die Spanier und diese hassen die unsympathischen Nordländer, wie keine andere Nation. Zudem sind die diplomatischen Beziehungen beider Länder durch das skandalöse Scheitern des modus vivendi, welchem im Jahre 1887 die Zusicherung der kommerziellen Meistbegünstigungs-Tabelle folgen sollte, die unfreundlichsten. Die Officiösen haben sich beiderseits mit Ausdrücken aufgewartet, welche sonst bei solchen Gelegenheiten nicht gehört zu werden pflegen. Die Times ging so weit, zu versichern, mit dem conservativen Kabinet Spaniens könne England keine Verhandlungen pflegen, da sein Auswärtiger Minister nicht vertrauenswürdig sei und die ministerielle Epoca konstatirt in einem sehr gereizten Tone, Spanien wolle ebensowenig mit einem Vertreter (Morier) verkehren, dessen Formlosigkeit wiederholt von fremden Höfen gerügt worden sei. Kurz, die englischen Industriewaaren zahlen nach wie vor außerordentlich hohe Zölle und England erhebt dieselben Abgaben von den spanischen Weinen, die diesem eine Concurrenz mit Frankreich unmöglich machen.

Mit Italien sind die Beziehungen sehr kühl. Das junge Reich kann die feindselige Haltung der spanischen Diplomatie nicht vergessen, der es bei seinem Werden begegnete und die taktlose Art und Weise, mit welcher die Spanier aller Parteischattirungen den edlen und hochverdienten Bruder Humbert I., Amadeus, behandelten, bildet eines jener Momente, welche eine Herzlichkeit der Beziehungen zwischen beiden Ländern für lange Zeit ausschließen. Die gelegentlichen ultramontanen Velleïtäten spanischer Minister tragen das ihrige bei, die Beziehungen beider Schwesternationen auf dem Gefrierpunkte zu erhalten.

Wir sehen also, daß Spanien gegenwärtig mit sämmtlichen in Betracht kommenden Großmächten, deren Interessen mit den spanischen Berührungspunkte haben, sehr kühl steht und auch in der Zukunft kein wesentlich besseres Verhältniß anzubahnen in der Lage ist. Es bleibt uns also nur noch übrig, Spaniens Verhältniß zu Frankreich und Deutschland zu untersuchen.

Der gigantische kulturfördernde Kampf um die Hegemonie über die Völker der Erde, welcher seit mehr als hundert Jahren vorbereitet wurde und in der Gegenwart zum Ausbruch gekommen, beeinflußt die auswärtige Politik und die inneren Verhältnisse sämmtlicher europäischen Staaten. Frankreich oder Deutschland; Lateinerthum oder Germanenthum; Republikanismus oder Monarchie, ist dort Feldgeschrei der Gegenwart, wie im Mittelalter: Kaiser oder Papst. Im absolutistischen Rußland drängen die Panslavisten und die instinktiv zur Republik strebenden Reformer zu einem Bündniß mit Frankreich, wobei die Ersteren von ihrem Hasse gegen Deutschland und die Letzteren von ihrer Sympathie für die politischen Institutionen der Republik getrieben werden; das deutsche Bündniß wird dagegen von den leitenden Kreisen Petersburgs, die mit Bewußtsein das große Werk Peter d. Gr. weiterzuführen berufen sind, und von den besonnenen Politikern des Zarenreiches empfohlen, welche demselben allmählig die Wohlthaten eines konstitutionellen Regimentes zukommen lassen wollen, dabei stets auf den gegebenen historischen Grundlagen weiterbauend. In Italien spalten sich ebenfalls die Freunde Frankreichs und Deutschlands in zwei fast gleich starke Lager: auf der einen Seite Depretis, Kairoli und die gesammte republikanische Partei mit dem Schatten Garribaldi's und einem Gefolge von Schriftstellern und Gelehrten, die gewohnt sind, ihr mot d'ordre aus Paris zu empfangen und auf der anderen Seite Bonghi, Minghetti, Sella und eine respektable Schaar der ersten Schriftsteller und Gelehrten Italiens, die das geistige Besitzthum der Nation durch Aufnahme alles Guten und Brauchbaren aller Länder zu vermehren streben und in der Politik eine weise Vorsicht im Betreten neuer Bahnen anempfehlen, im Anschluß an die aus dem deutschen Charakter nothwendig resultirende Politik des allmähligen steten Fortschrittes im Gegensatz zur Frankreich charakterisirenden Politik der Ueberstürzungen und Revolutionen.

Man kann diesen beiden widerstreitenden Einfluß in sämmtlichen Staaten Europas beobachten; man findet ihn deutlich markirt im fernabliegenden, halbbarbarischen Serbien, dessen geistige Führer theils Frankreichs, theils Deutschlands geistiger Bewegung folgen. In der Türkei und in Asien, namentlich in Japan und China, geht ganz Aehnliches vor, nicht zu vergessen der Geistesbewegung im anglo-sächsischen und spanisch-portugiesischen Amerika.

Das Verhältniß Spaniens zu Frankreich und Deutschland ist demjenigen Italiens zu den beiden Völkern, soweit die moralischen und intellektuellen Beziehungen in Betracht kommen, fast völlig gleich. Die von der seichten Phrase lebenden Halbgebildeten, die ihre Ansichten aus der letzten Zeitungsnummer schöpfen, und die Befürworter eines revolutionären Fortschrittes blicken zuversichtlich nach Frankreich, lesen vón ausländischen Blättern blos französische und schwärmen für die Bluts- und Rassengemeinschaft, die zwischen Spaniern und Franzosen existirt. Wer dieses republikanisch-liberale Phrasengeklingel seinem Inhalte und seiner Procedenz nach untersucht hat, wird nicht wenig erstaunt sein, überall wohlbekannte Melodien herauszufinden, die ihm einst an der Seine die Worte Salomons ins Gedächtniß riefen: Es ist alles Eitelkeit! Das Komischste bei der Sache ist aber, daß die Republikaner und Liberale

Spaniens mit der ernstesten Miene und echt spanischer grandeza mit voller Kehle in die Hymne französischer Eitelkeit einstimmen, ohne zu ahnen, daß sie dabei vor den übrigen Völkern und vor der Geschichte eine sehr lächerliche Rolle spielen.

Da der spanischen öffentlichen Meinung absolut alle Selbstständigkeit fehlt, so ist sie gezwungen, sich anderswo ein Urtheil zu suchen. Die eigenthümlichen Preßverhältnisse und die Leichtigkeit der Erlernung des Französischen im Vergleich zum Deutschen oder Englischen machen die spanischen Blätter zu einem Echo der Französischen in sämmtlichen Fragen, ausgenommen einzig und allein die Fragen, welche nur Spanien berühren. Die spanische Presse ist zu arm, um gut unterrichtete Correspondenten im Auslande zu halten und ebensowenig hat sie Mittel und Verständniß genug, um sich durch englische, deutsche oder italienische Blätter unterrichten zu lassen. Meine Collegen von der Feder in Deutschland und Oesterreich-Ungarn werden sich nicht wenig wundern, zu erfahren, daß die Redaktionen der Madrider Zeitungen in der Regel keines der großen deutschen Blätter halten, mit einziger Ausnahme des Dia, welches die „Nordd. Allg." und der Epoca, welche, wenn ich nicht irre, die „Nat. Ztg." täglich zugeschickt erhält und dessen an der spanischen Gesandtschaft agregirter Redaktionsfreund ihr gelegentlich einige Nummern deutscher Organe zusendet, wenn in denselben spanische Interessen erörtert werden. In beiden Blättern, die mit dem Imparcial, welcher den Standard und die Daily News hält, und dem Diario Español die fleißigste auswärtige Revue bringen, selbstverständlich kann von einem aufmerksamen Folgen der Politik im Auslande, natürlich Frankreich ausgenommen, keine Rede sein, verstehen die betreffenden Mitarbeiter deutsch gerade soviel, um mit Hülfe eines Lexikons einen Artikel mühsam ins Spanische zu übersetzen. Die wenigen hierselbst ansässigen Deutschen, die mit der Heimath durch eine Zeitung in geistiger Communikation bleiben, senden den spanischen Blättern gelegentliche Notizen. Drei oder vier Cafés und einige Gesellschaften, von denen in erster Linie das Ateneum genannt zu werden verdient, in welchem die Münchener „Allg. Ztg.“ aufliegt, lassen sich die Times, die Daily News, oder den Daily Telegraf zuschicken, wohin dann die Redakteure der Madrider Blätter gehen, um ihrem Publikum die neuesten Nachrichten über das Ausland zu verschaffen. Solche Verhältnisse dürften in Deutschland unmöglich erscheinen.

Was bleibt also unseren spanischen Kollegen übrig, wenn sie ihr Publikum mit den neuesten Vorgängen in der Welt bekannt machen wollen? Sie müssen ihre Weisheit aus den ihnen leicht zugänzlichen französischen Blättern schöpfen. Der Temps, die Debates und zahlreiche weniger bedeutende hauptstädtische und Provinzial-Blätter Frankreichs überschwemmen die spanischen Redaktionen. Fast sämmtliche dieser Organe werden gegen Austausch erhalten, weshalb denn auch die Zahl der südfranzösischen Provinzialblätter, die in einige Redaktionen strömen, etwa 15 bis 20 ist. So bildet sich die öffentliche Meinung unter dem ausschließlichen Einflusse Frankreichs und die Urtheile der Boulevards werden, ohne daß die Spanier es selbst gewahr werden, unbewußt diejenigen des spanischen Publikums. Dazu nehme man noch den Einfluß der französischen Literatur, vornehmlich der Romanliteratur, welche den Spaniern Tropfen für Tropfen französisches Denken und Empfinden einimpft. Gebildete, Halbgebildete und das ungebildete

Volk werden daran gewöhnt, Alles durch das Prisma französischer Denkungsart anzuschauen.

Es ist in Deutschland hinlänglich bekannt, welches Verständniß die Franzosen für dasselbe entgegenbringen und man wird sich nicht wundern, wenn ihre Schüler und Nachbeter noch dürftiger über uns Deutsche unterrichtet sind. In sehr kurzen Worten ist wiederzugeben, was der Spanier von uns denkt und weiß, und zwar ist hiermit nicht blos die Masse der Spanier verstanden, sondern Leute, wie z. B. der berühmte Redner Don Emilio Castelar. Die wenigen Ausnahmen sind leicht an den Fingern zu zählen. Vor allem ist Deutschland das Land, wo viel Bier getrunken wird, wo ein elend genährtes, in Lumpen gehülltes und in häßlichen Höhlen wohnendes Arbeitervolk billige und schlechte Fabrikate verfertigt und wo solch eine Armuth herrscht, daß das arme Volk zu Hunderttausenden auswandert. Künstlerisch und wissenschaftlich ist es neben Paris kaum erwähnenswerth; die gothischen Dome sind das Werk genialer Franzosen, die steifen und eckigen Figuren ohne Anmuth, wie sie von Dürer und anderen deutschen Malern geschaffen, beweisen den barbarischen Geschmack der „Teutonen“ und in der Wissenschaft, versichert Castelar, könne Spanien von den Deutschen nur nebelhafte Metaphysik entleihen, die geeignet sei, „den klaren Sinn des begabten Spaniers zu verschleiern.“ Die olympische Ruhe eines Goethe und die philosophische Tiefe Schillers findet bei unserem Spanier absolut kein Verständniß. Die ersten Namen Deutschlands werden hier nicht einmal von den Spezialisten im betreffenden Gebiete gekannt und wenn hier und da einer derselben genannt wird, so ist es gewöhnlich, weil es die französische Quelle so that. Während die Romane Ohnets und Montepins in

Uebersetzungen und im Original vom spanischen Leserpublikum verschlungen werden, sind die Namen Gustav Freitag, Spielhagen, Robert Hamerling, Scheffel, Paul Heyse und andere, durchaus unbekannt.

Man denke deutscherseits darüber nach, welche außerordentliche Bedeutung diese Romane haben, welche neben den 5 Centimes-Zeitungen die öffentliche Meinung bestimmen, und zwar ausschließlicher als in anderen Ländern, da in Spanien nicht einmal Monatsrevüen, wie in Frankreich populär sind, die immerhin eine gediegnere Lectüre gewähren, als Moderomane und flüchtig zusammengestellte Blätter, deren Redakteure so schlecht bezahlt sind (d. h. wenn sie überhaupt bezahlt werden, da zahlreiche spanische Blätter ihre Mitarbeiter durch Sinekuren entschädigen, wenn ihre Partei an's Ruder kommt), daß sie gewöhnlich anderweitige Berufspflichten außer den publicistischen erfüllen und selbstverständlich zu Studien für ihren Schriftsteller-Beruf weder Zeit noch Lust haben. Es ist keine Uebertreibung zu behaupten, daß die Spanier Paris und Frankreich, Dank den Romanen und dem Einfluß der französischen Zeitungen, besser kennen, als ihr eigenes Vaterland. Ein Spanier, der zu Hause gelobt und anerkannt sein will, sorgt deshalb auch zuerst dafür, daß er in Paris Aufmerksamkeit errege. Eine Besprechung in irgend einem sekundären französchen Blatte macht einen Schriftsteller populärer, als die Lobeserhebungen sämmtlicher spanischer Schriftsteller. So sehr das die Spanier bestreiten mögen, ein Unparteiischer muß anerkennen: daß das heutige Spanien literarisch eine Provinz Frankreichs ist.

Zudem kämpfen die Uebersetzungen französischer Werke mit der Schwierigkeit, daß eine literarische Convention zwischen Frankreich und Spanien existirt, während die deutschen Werke ohne jegliche Entschädigung von den Spaniern übersetzt werden können. Der Verbreitung deutscher Literatur sind schwerwiegende Faktoren hinderlich, die indessen nicht unüberwindlich erscheinen: in erster Linie steht die Schwierigkeit der gründlichen Erlernung der deutschen Sprache, welche allein befähigt, geschäftsmäßig Uebersetzungen zu liefern. Während ein Spanier in sechs Monaten französisch soweit erlernt, daß er einen Roman leidlich übersetzen kann, braucht er, um es im Deutschen so weit zu bringen, mindestens zwei Jahre und Fleiß und Ausdauer darf man am wenigsten unter Goldorangen und Palmen suchen. Die wenigen, die des Deutschen mächtig sind, finden als offizielle Interpreten, oder in kommerziellen Etablissements so lohnende Beschäftigung, daß sie nicht daran denken, den spottbillig gelieferten französischen Uebersetzungen Konkurrenz zu machen. Sodann existirt in zweiter Linie eine inhaltliche Schwierigkeit: das spanische Publikum hat sich an die französische Mache gewöhnt und findet die deutschen Romane, und ebenso Zeitungen, zu schwerfällig, zu ernst, zu gediegen, es will eben blos unterhalten sein, ohne sich selbst der geringsten Denkthätigkeit zu unterziehen. Und schließlich interessirt es sich für die ihm schon bekannten französischen Stoffe, deren Schauplatz gewöhnlich Paris ist, ungleich mehr, als für die ihm schwerer verständlichen deutschen Charaktere und deutschen Verhältnisse.

Weiß man in Spanien nichts vom literarischen und geistigen Schaffen der Deutschen, so ist man vielleicht noch unklarer über das politische Deutschland. Allgemeine Geschichte ist selbst sog. Gebildeten hierselbst ein sehr vager Begriff, den Meisten reduzirt sie sich auf die Geschichte Roms, Spaniens und Frankreichs seit der großen Revolution. Daß die deutsche Nation seit dem Zusammensturze des römischen Weltreichs den Mittelpunkt der Geschichte Europas bildete und bildet, ist ihnen durchaus etwas Neues. Ihnen erscheint die heutige Macht und Größe Deutschlands etwas Künstliches, die nur durch die Kolosse Bismarck, Moltke und Wilhelm I. aufrechterhalten werden könne und mit dem Tode dieses Triumvirates wieder sogleich verschwinden werde, etwa wie ähnlich die Macht Napoleon I., der jede feste Basis fehlte. Es gilt hier für ein Dogma, daß Deutschland nur durch den eisernen Arm des großen Kanzlers zusammengehalten und demnächst unter der schweren Rüstung des Militarismus erschöpft zu Boden sinken werde. Im Innern würde das deutsche Volk von der Despotie einer pedantischen Büreaukratie, zahlloser Fürsten und arroganter Junker tyrannisirt, gegen welche sich das Volk nicht zu erheben wagt, da es durch die strenge Militärdisciplin an knechtische Unterwürfigkeit gewohnt sei. Daß man in Deutschland größere bürgerliche und politische Freiheiten, als trotz aller Revolutionen in Spanien genießt, lassen sich die Spanier nicht träumen. Für Lehrfreiheit, akademische Freiheit und die lokalen Freiheiten vor der Willkür der Centralbehörde haben die Freiheitsschreier, denen Alles erreicht zu sein scheint, wenn zügellose Meetings die öffentliche Meinung verfälschen und die maßlose Hetzblätter ungestrafte persönliche Verläumdungen kolportiren dürfen, kein Verständniß; deshalb können auch die Spanier nicht begreifen, warum man in Deutschland die französische Republik nicht um ihre Freiheiten beneidet. Daß in Deutschland skrupulöser die vom Parlamente geschaffenen Gesetze beabachtet werden, als im „parlamentarischen" Spanien, wo jeder Minister durch ein königliches Dekret bestehende Gesetze ohne Zuthuen der Legislative annullirt, daß also daselbst der Wille der Nation von den Regierenden besser respektirt wird, ist in Spanien ebenfalls unbekannt. Ohne die fortschrittlichen Errungenschaften Deutschlands übermäßig glorifiziren zu wollen, denn noch bleibt sehr viel zu thun übrig, kommt ein unparteiischer Beurtheiler zum Schlusse, daß die lateinischen Nationen scheinbar freiere politische Institutionen besitzen, als die Germanen, daß die germanischen Völker aber bei all' ihren überkommenen Formen, die mehr dem vergangenen Jahrhunderte zu entsprechen scheinen, mehr positive Freiheiten genießen und daß bei ihnen der Individualität unvergleichlich weiterer Spielraum und freiere Bethätigung gegeben ist. In Spanien sieht man nur die pietätsvoll conservativen alten Formen und versteht es nicht, den lebenskräftigen Inhalt der politischen Institutionen Deutschlands zu erkennen.

Der internationalen Popularität Deutschlands und des Deutschthums thut die Complicirtheit der deutschen Verhältnisse, welche den Ausländern das Urtheil über dieselben ungemein ererschwert, großen Abbruch und das umsomehr, wo es sich um eine Nation handelt, die durch ein Jahrhundert beständiger Revolutionen und Bürgerkriege den furchtbaren Alp geistlicher und weltlicher Despotie endlich von sich geschüttelt hat und jetzt noch eifersüchtig die errungenen Güter gegen die besiegten, aber noch nicht ganz vernichteten Gegner zu hüten strebt. Wie das alte Spanien acht Jahrhunderte gegen die Ungläubigen gestritten hatte und sich dann so mit den Interessen der Kirche identifizirte, daß es fortfuhr, die alten Glaubensformen der ganzen Welt gegenüber zu vertheidigen, als der alte große Christenglaube in neuen Formen seinen ewigen menschheitlichen Inhalt wieder zu erlangen suchte, und so den Windmühlenkampf um das Christenthum gegen die Holländer, Engländer und Deutschen aufnahm, welche das Christenthum und nicht wie Spanien die römische Hierarchie auf ihren Bannern führten, ebenso wird es dem heutigen liberalen Spanien schwer, sich über die Richtung und das Ziel seines, gegen weltlichen und geistlichen Despotismus gerichteten Kampfes Rechenschaft zu geben. Der Spanier ist ein Mann der That und nicht der reiflichen, kühlen Ueberlegung. Sein südliches, heftiges Temperament macht ihn zum Fanatiker, sobald er für eine Sache gewonnen ist. Das ist die Stärke und zugleich die Schwäche der spanischen Nation, von welcher die ganze spanische Geschichte ein Beleg ist. Bei ihrem leicht erregbaren Fanatismus sind die Spanier stets ein fügsames Werkzeug der römischen Curie gewesen.

Das moderne Spanien kämpft mit demselben Fanatismus für die Freiheit, wie das alte Spanien für den Glauben, und alles, was der Freiheit im Wege zu stehen scheint, trifft seinen Haß. Das mit Blut und Eisen gekittete deutsche Reich erscheint ihm der große konservative Koloß, der den Sieg der nach französischem Recepte begriffenen Freiheit in ganz Europa und in der ganzen Welt verhindert. Befangen in den oben geschilderten Vorurtheilen, sieht es in Deutschland den gefährlichsten Feind seiner schönsten Ideale und haßt es so glühend, wie vor vierhundert Jahren der spanische Glaubenskämpfer den germanischen Protestanten. Und wie heute der Christenglauben in seiner Einfachheit und Tiefe nur noch in protestantischen Ländern existirt, während er in katholischen Ländern dem Indifferentismus, oder dem zelotischen Eifer erregter Römlinge gewichen, so dürfte vielleicht auch die Freiheit bei den maßvollen Germanen dauerndere und sicherere Stätte finden als bei den übereifrigen Spaniern und Franzosen.

Alle diese Momente wohl erwogen, liegt es auf der Hand, daß die öffentliche Meinung in ihrer überwältigenden

Majorität zu Frankreich hinneigt und Deutschland mit einer mehr oder weniger bewußten Antipathie entgegenkommt. Trotzdem ist es einem Häuflein einsichtsvoller und einflußreicher Personen gelungen, die leitenden Kreise der konservativen Partei von dem Vortheile eines politischen Anschlusses an Deutschland zu überzeugen und so die auswärtige Politik des Reiches mit dem Regierungsantritte Canovas del Castillo in deutsch-freundliche Bahnen zu drängen. Man erinnert sich, wie der Pöbel von Paris die Richtung der Politik Canovas' auf unerwartete Weise begünstigte und für einen Moment die franzosen-freundlichen Strömungen in den Hintergrund drängten. Die gewinnende Persönlichkeit des deutschen Kronprinzen, der während seines kurzen Weilens hierselbst wirksamst für Deutschland Stimmung machte, nahm die für alles Bedeutende leichtbegeisterten Spanier ein und die Politik Canovas' gewann immer mehr Anhäger.

Den Vorwürfen der Republikaner: Alfonso XII. wünsche seinen unsicheren Thron durch die Freundschaft der starken Hohenzollerndynastie gegen alle Eventualitäten zu sichern, konnten die Fürsprecher der deutschen Allianz sehr wirksame Gründe entgegenstellen. Die Zukunft Spaniens liegt in Afrika, d. h. im gegenüberliegenden Marokko, dessen Besitz für dasselbe eine Lebensfrage ist, da es ihm die Möglichkeit gewährt, seine Uebervölkerung daselbst zu placiren. Umgekehrt liegt es auf der Hand, daß Marokko in den Händen einer europäischen Großmacht zu einer beständigen Gefahr für Spanien werden müßte. Canovas hat die Beziehungen zwischen Marokko und seinem Vaterland wiederholt eingehend in seinen parlamentarischen Reden und in seinen akademischen Vorträgen behandelt und in der Hauptsache ist seinen Deductionen von keiner Seite widersprochen worden. Sämmtliche Parteien erkennen die vitale Bedeutung des nordafrikanischen Kaiserreiches für Spanien an und betrachten dasselbe wie ein Land, das früher oder später spanisches Besitzthum zu werden bestimmt ist.

Die marokkanische Frage macht dauernde Freundschaftsbeziehungen zwischen Spanien und Frankreich unmöglich, da das letztere von Algier aus unaufhörlich gegen den spanischen Einfluß in Fez intriguirt und es nicht außer dem Bereiche der Möglichkeit liegt, daß ein neuer Rustan aus Marokko einen französischen Vasallenstaat macht, wie es mit Tunis geschah, das die Italiener für sich reclamiren zu können glaubten. Die Spanier machen sich darüber keine Illusionen und trotz ihrer Vorliebe für Paris brechen sie von Zeit zu Zeit in patriotische Kassandrarufe über das wälsche Schicksal ihres gelobten Landes aus. Canovas berechnet ganz richtig, daß der deutsche Einfluß sowohl in Fez, wie im auswärtigen Ministerium den spanischen Interessen sehr schätzbare Dienste leisten könne. Nicht minder schätzenswerth könnte der weitreichende Einfluß der deutschen Diplomatie für Spanien in allen Fragen sein, wo der Rest der spanischen Colonialländer in Mitleidenschaft gezogen wäre, denn noch immer besitzt das Land 429,222 Quadratkilometer schöner, in den fruchtbarsten Himmelsstrichen gelegener Colonialbesitzungen mit einer Bevölkerung von 7,903,468 Einwohnern, die bei dem alle Nationen erfaßten Colonialfieber der Gegenstand diplomatischen Notenwechsels werden können, wobei der mächtige Einfluß Deutschlands zu Gunsten Spaniens wichtig wäre. Dank demselben diplomatischen Einflusse könnte Spanien den Platz im Großstaatenkonzerte einnehmen, den ihm die 25 Millionen seiner Bevölkerung und seine große Vergangenheit anweisen, eine Stellung, der es ohne Zweifel gewachsen wäre, wenn es endlich seine inneren Streitigkeiten geregelt und zu einem stabilen Staatssysteme gelangt ist, dessen Dauer keinem Zweifel unterliegt.

Gegenwärtig ist schlechterdings keine Hoffnung auf eine baldige Erkenntniß spanischerseits vorhanden, daß die von seinen Politikern empfohlene auswärtige Politik total verfehlt ist und daß sich Spanien mit Bestimmtheit entweder an Deutschland oder an Frankreich anschließen soll. Die vom Kabinet Sagasta mit der Reise des Königs nach Oesterreich, Deutschland und Belgien im Spätsommer 1883 eingeleitete Politik der Annäherung an Deutschland konnte nicht mit der nöthigen Energie betrieben werden, da die öffentliche Meinung dieselbe mit feindlichen Blicken betrachtete. Die Karolinenfrage hat schließlich allen Freunden einer spanisch-deutschen Freundschaft für die nächsten Jahre einen unerwarteten und unerwünschten Streich gespielt. Je mehr indessen die anti-deutschen Demonstrationen in Spanien inscenirt werden, desto nothwendiger ist es für uns Deutsche, die Besonnenheit zu bewahren, damit die politische Frage keinen Abgrund zwischen die beiden Nationen gräbt. Selbst wenn das Aeußerste eintritt und der Krieg unvermeidlich werden sollte, ist zu hoffen, daß derselbe nicht die Folgen haben wird, wie der Krieg von 1870/71. Denn ein spanisch-deutscher Krieg müßte erstens vornehmlich zur See ausgefochten werden. Da keine Landgrenzen die beiden Nationalitäten verbinden und da in Folge dessen der Verkehr zwischen Deutschen und Spaniern ein sehr geringer ist, besteht auch nicht die Möglichkeit, daß nachbarliche Hetzereien Haß und Neid zwischen die Völker säen, wie es leider mit Deutschen und Franzosen geschehen.

Sehr wahrscheinlich ist es sogar, daß die stolzen

Spanier, die mit komischer Selbstüberschätzung auf uns Nordländer, als auf eine niedere Rasse herabsehen, von Deutschland und seinem Volke eine günstigere Ansicht erhalten. Denn man beurtheile den Spanier nicht nach seinem französischen Brudervolke. Während die Eitelkeit und das Weibische des französischen Charakters die Franzosen versteckt nachtragend machen, gehört der Spanier zu den ritterlichen Charakteren, die ihrem tapferen Gegner, selbst wenn er sie besiegt haben sollte, nach der Niederlage die Hand reicht und ihn jetzt mehr schätzt, als vor dem Kampfe. Ein ehrlicher Kampf ist geeignet, Spanier und Deutsche enger zu befreunden, denn beiderseits fehlt heute die für ein dauerndes Freundschaftsband unvermeidliche Achtung; den Ersteren ist der alemán immer noch ein halber Barbar und selbst an Tapferkeit und Muth erscheint er ihm inferior und in Deutschland blickt man auf Spanien wie auf eine verfallene Ruine herab und glaubt, daß der moderne Spanier ein verweichlichter und unwissender Schwätzer ist, der den tapferen Haudegen der vergangenen Jahrhunderte sehr aus der Art geschlagen ist.

Wie die Kämpfe der Mauren und Spanier beide Völker mit Achtung vor einander erfüllte, so zweifle ich nicht, daß ein Krieg mehr eine verbindende, als trennende Wirkung auf die beiden Nationen ausüben wird. Die Unterbrechung der diplomatischen Beziehungen muß nur nicht von der öffentlichen Meinung benutzt werden, um sich gegenseitig giftige Beleidigungen entgegenzuschleudern. Man sei in Deutschland überzeugt, daß die Gehässigkeiten, welche uns gewisse Kreise Spaniens zuwerfen, ihren Ursprung in Frankreich oder französischen Quellen haben. Es ist ja gar nicht verwunderlich, daß die Franzosen ihren Schülern, dem Castelar und Mitschülern, ungezogene Phrasen gegen ihren Feind einstudirt haben, und wie sehr der spanisch-deutsche Conflikt jenseits der Pyrenäen gegen Deutschland ausgebeutet wird, zeigen die gift- und galle-träufelnden Telegramme der französischen Telegraphenagentur Havas und ihre Filiale Fabre, welche die spanische Presse bedient und ebensowenig ihren französischen Ursprung verleugnet. Im französischen Interesse liegt es natürlich, die Angelegenheit derart auszubeuten, daß Spanier und Deutsche sich auf Generationen verfeinden, um die Ersteren für das fränkische Joch gefügiger zu machen.

Die einfachen Thatsachen der Karolinenfrage sind am besten geeignet, die korrekte Haltung der deutschen Diplomatie in derselben darzulegen. Seitdem die Berliner Congo-Konferenz das vom modernen und demokratischen Standpunkte einzig annehmbare Prinzip der effektiven Besitznahme, als einzige Rechtfertigung und einziger Besitztitel für die Eigenthümerschaft überseeischer Kolonien für Afrika als geltendes völkerrechtliches Prinzip anerkannt hat, war es ganz selbstverständlich, daß dieses Prinzip auch auf alle übrigen Welttheile Geltung haben müsse. Die Spanier waren also vollständig auf alle Eventualitäten, welche das Besitzrecht ihrer Südsee-Inseln in Frage stellen konnten, aufmerksam gemacht worden. Wenn die Nichtanerkennung der spanischen Oberhoheit über die Karolinen im Jahre 1875 von Seiten Englands und Deutschlands die Madrider Diplomaten nicht schon gewarnt hätte, müßten sie wenigstens doch die Sache lange begriffen haben, als die beiden germanischen Mächte im vorigen Jahre über die herrenlosen Gebiete der Südsee verhandelten, unter welchen auch die zur Karolinengruppe gerechneten Marschall-Inseln inbegriffen waren. Auch sollten dem spanischen Vertreter in Berlin die auf diese Gebiete bezugnehmenden Reden Bismarcks und der deutschen Reichstagsabgeordneten nicht vollständig unbekannt geblieben sein.

Eine so von langer Hand besprochene und vorbereitete Aktion konnte eben nur eine absolut unfähige Regierung, wie diejenige der spanischen Konservativen, überraschen. Als die deutsche Note, welche der spanischen Regierung die beabsichtigte Besitzergreifung der Karolinen anzeigte, den 14. August in Madrid bekannt wurde — es heißt, die Note sei von Berlin schon den 5. Aug. ausgefertigt worden — erwachte Regierung und Volk wie aus einem Traume. Sämmtliche Blätter, die ministerielle Epoca an der Spitze*) schäumten vor Entrüstung, wobei die südliche Leidenschaftlichkeit zu einer reizenden Blumenlese undiplomatischer Invektiven gegen Deutschland und die Politik Bismarcks die Gelegenheit bot, welcher in der deutschen Presse fast gar keine Aufmerksamkeit geschenkt wurde. Man berücksichtigte eben, daß es das klassische Land des Don Quixote ist, von welchem die Windmühlenangriffe kommen. Desgleichen gelang es den anti-deutschen Protest-Kundgebungen, welche mit der Manifestation vom Sonntag, den 23. Aug. in Madrid ihren Anfang nahmen und in etwa 80 Städten und Ortschaften des Reiches ein mitunter sehr kräftiges

*) Es sei indessen angedeutet, daß die antigermanischen Wuthausbrüche in der Epoca der individuellen Rachsucht des Vertrauten Canova's, Valles Miranda, zugeschrieben werden, wodurch sich das spätere Einlenken erklärte. Das konservative Diario Español und die von Canovas direkt inspirirten Estandarte und Integridadde de la Patria blieben von Beginn an nüchtern und objektiv.

Echo fanden*), das nordische Phlegma in Wallung zu bringen.

Die spanische Regierung hatte die erste deutsche Note durch eine, wie die Officiösen melden, energische Reklamation gegen die Besitzergreifung der Inseln beantwortet, worauf denn der spanische Vertreter in Berlin, Graf Benomar, den 23. August vom deutschen Amte die Erklärung erhielt, welche in Gegegenwart des Grafen v. Hatzfeld aufgezeichnet und von Benomar nach Madrid depeschirt wurde, sie lautet:

„Als die Regierung Sr. Maj. des Kaisers einwilligte, dem wiederholten Ansuchen deutscher Unterthanen, welche auf den Karolineninseln Handel treiben, Folge zu geben und die Schutzherrschaft über diese Inselgruppe aufzurichten, hatte sie keineswegs die Absicht, in ältere Rechte einzugreifen. Auf Grund der Urkunden, welche die deutsche Regierung gesammelt hat, glaubt sie, daß die Karolinen unbesetztes Gebiet sind, deshalb hat sie den genannten Entschluß gefaßt und versteht nicht, daß Spanien darin ein gegen seine Unabhängigkeit gerichtetes Vorgehen erblickt hat. Um ein Uebriges zu thun und sogar dem Schein einer ähnlichen Absicht vorzubeugen, hatte die deutsche Regierung die spanische Regierung von ihrer Absicht benachrichtigt, ehe sie die deutsche Flagge auf den Karolinen aufpflanzen ließ. Zugleich hatte sie angeboten, die Frage zu prüfen und den deutschen Kriegsschiffen Befehl gegeben, jeden Zusammenstoß mit den spanischen Streitkräften zu vermeiden. Die Regierung ist noch immer durchaus geneigt, die Ansprüche, welche Spanien geltend macht, zu prüfen und an

*) Die tendenziöse Uebertreibung der französischen Telegraphenagentur Havas ist beachtenswerth: aus den 15—20,000 Theilnehmern der Kundgebung in der Hauptstadt machte sie nicht weniger als 150,000!

diese Prüfung heranzutreten mit den freundschaftlichen Gesinnungen, welche sie den guten Beziehungen, die immer zwischen beiden Monarchieen bestanden haben, schuldig ist, Beziehungen, welche die deutsche Regierung lebhaft zu verstärken und enger zu knüpfen wünscht. Falls diese Prüfung nicht auf Grund gegenseitiger Verständigung zu einem zufriedenstellenden Ergebniß führen sollte, ist die deutsche Regierung geneigt, die Vermittlung einer mit beiden Ländern befreundeten Macht anzunehmen."

Soweit war alles schön und beiderseitig wurde eine versöhnliche Sprache geführt. Die Angelegenheit würde ohne Zweifel ebenso wie die zahlreichen, in den letzten Jahren zwischen Deutschland und den übrigen Kolonien besitzenden Nationen entstandenen Differenzen um streitige überseeische Besitzungen, als sekundär im Hintergrunde des öffentlichen Interesses diplomatisch beigelegt worden sein, wenn sich auch hier nicht die spanische Frage, d. h. der Kampf der Republikaner gegen die Monarchie, störend und die Sache unnöthigerweise verwickelnd hineingemischt hätte.

Seit dem Tage der Bekanntwerdung der Streitfrage in Madrid nahmen die Republikaner eine für die gütige Beilegung derselben verhängnißvollen Standpunkt ein und wußten denselben der öffentlichen Meinung des Landes aufzudrängen. Sie, die Männer des Fortschrittes, die Vertreter der Ansprüche der Arbeit und des Verdienstes traten leidenschaftlich für das antiguirte Besitzrecht des ersten Entdeckers auf und gaben die Loosung aus: Die Infragestellung der Besitzrechte Spaniens an den Karolinen ist schon eine Beleidigung und muß energisch zurückgewiesen werden. Diese kategorische Forderung schmeichelte dem denkträgen Patriotismus der Massen und da die republikanische Presse, wie oben angedeutet, die öffentliche Meinung des Landes beherrscht, sahen sich die Regierungskreise in eine eigenthümliche zweideutige Stellung zur Nation gedrängt: die staatsmännische Vorsicht und Reserve, mit welcher das Kabinet und der König die Frage behandeln mußten, konnte von den Demagogen sehr leicht zum Nachtheile des Ministeriums und der Monarchie ausgebeutet werden. Widerwärtige Insinuationen machten gegen dieselben in den Cafés und politischen Cirkeln Stimmung und fanden in der Presse ein williges Echo. Man erzählte sich, Canovas habe schon im Jahre 1874 (sic) die Inseln mit Einwilligung Alfonso XII. gegen 13 Millionen an Bismarck verkauft. So absurd das klingt, der Unsinn fand fruchtbaren Boden. Die Annäherung an Deutschland erschien jetzt wie etwas Landesverrätherisches und die am wenigsten Einflüsterungen Zugänglichen zweifelten nicht, daß Alfonso XII. die Karolinen an Deutschland abgetreten habe, um dafür in seinen dynastischen Interessen vom deutschen Kaiserreiche unterstützt zu werden.

Trotz aller Versicherungen, nur das Wohl und die Ehre des Vaterlandes in Rücksicht nehmen zu wollen, machte der Parteifanatismus der Republikaner aus der Frage gleich vom ersten Tage an einen Mauerbrecher gegen die Monarchie und die in eine Partei unter der Führung Sagasta's vereinigten monarchischen Liberalen machten den patriotischen Rummel mit, erstens, um sich durch eine kühle Verständigung nicht bei den erregten Massen unpopulär zu machen und die Führung über sie zu verlieren und dann gewiß in der löblichen Absicht, ihre Gegner, die Conservativen, aus dem Ministerium und aus dem Budget zu verdängen. Wollten die Ministeriellen nicht sämmtliche Popularität einbüßen, mußten sie wenigstens mit halber Stimme in den Chor einstimmen. Man thut wohl, diese Motive bei Beurtheilung der spanischen ministeriellen Preßstimmen deutscherseits nicht aus den Augen zu lassen, wenn man sich ein richtiges Bild der Stimmung der Regierungskreise machen will. Desgleichen muß man von den übrigen Preßstimmen mehr als die Hälfte des patriotischen Lärmes auf Rechnung der angedeuteten Parteiinteressen schreiben. Total verfehlt wäre es, sie ernsthaft deutscherseits zu beantworten und widerlegen zu wollen.

Sämmtliche anti-deutschen Manifestationen sind von Republikanern inscenirt worden, während die Conservativen durchgängig durch ihre Zurückhaltung glänzten, obwohl sie gerade Interesse hatten, ihre Parteigenossen im Ministerium durch Kundgebungen zu unterstützen. Und Unterstützung bedürften dieselben in der That, da ihre Stellung sich mit jedem Tage verschlimmerte; eine diplomatische Niederlage mußte als Verrath gedeutet werden und die Sache der Republikaner fördern, und eine diplomatische Niederlage erscheint unvermeidlich, da die spanischen Besitztitel der fraglichen Inseln ungemein dürftige sind. Die Madrider Geographische Gesellschaft hat in einer Denkschrift, welche vom bekannten Geographen Francisko Coello verfaßt worden ist, diese Titel zusammengestellt. Sie reduciren sich: 1) auf die Entdeckung, was in diesem Falle nicht ziehen kann, da zwei Drittheile der Inseln von Nicht-Spaniern entdeckt worden sind; 2) auf die Missionen, welche Spanien abgesandt hat, was ebenfalls nicht genügt, da englische und amerikanische Missionen die Inseln ebenfalls besucht haben; 3) auf die Einheit der Inselgruppe, deren Besitz auf die Philippinen hinweist. Die beiden wichtigsten Titel: die effective Besitzergreifung und die Zustimmung der Herrschaft Spaniens von Seiten der Eingeborenen blieben noch zu begründen übrig. Der letztere Punkt findet im nachfolgenden Dokumente ein werthvolles Belegstück und bildet wahrscheinlich das schwere Geschütz der spanischen Antwortnote auf die deutsche Mittheilung vom 24. August. Es ist eine Akte, durch welche die Häuptlinge der Insel Korror, welche zu den Palaos gehört, die Souveränität Spaniens anerkennen. Das Dokument lautet:

Im Namen Gott des Allmächtigen und Don Alfonso XII., Königs von Spanien. — Die in der Kajüte des Kapitäns des Kreuzers „Velasco" Vereinigten, deren Unterschrift unten folgt, Abbathules, König von Korror, und Ereklso, Bruder Arra-Klaye's, Königs von Artingol, dessen Vollmacht er besitzt, suchen feierlich den Schutz des Königs Don Alfonso XII., dessen undiskutirbare Souveränität über die Karolinen und Palaos sie in Gegenwart des Vertreters Sr. Königlichen Majestät des Herrn Commandanten besagten Kreuzers Velasco sie anerkennen, schließen den, dank der guten Dienste des Herrn Commandanten des Schiffes Sr. Brit. Majestät Espiegle, dessen Gründen und Vorstellungen sie nachkommen, zu Stande gekommenen Waffenstillstand ab und tauschen demnach die Versicherungen dauernder und brüderlicher Freundschaft, um den Frieden zwischen Abbathule, König von Korror und Arra-Klaye, König von Artingol zu sichern und besagte Könige haben geschworen vom Augenblicke der Unterschrift dieser in 3 Exemplaren verfaßten Akte in büderlicher und dauernder Freundschaft zu leben, widrigenfalls sich derjenige von ihnen, der das Geschworene vergißt und den Frieden bricht, die Ungnade S. Maj. des Königs Don Alfonso XII. zuzieht.

Nachdem dieses Dokument von den kontrahirenden Theilen in Gegenwart der Offiziere dieses Schiffes vorgelesen wurde, wobei der englische Unterthan Mr. James Gibbon als Dolmetscher fungirte, beschworen die folgenden mit ihren Unterschrift-Buchstaben und Geist desselben zu halten: an Bord, Korror, den 19. März 1885. Abbathule †. König von Korror, Arra-Klaye †. König von Artingol. P. P. Ere-Kiso †. Der Commandant des Kreuzers Velasco, Emilio José Butron. Der Dolmetscher: J. C. Gibbon."

Daß man in Deutschland die Sachlage richtig erkannt hatte, beweisen die Auslassungen der deutschen Blätter. Ruhig und gelassen haben dieselben die garzu heftigen Angriffe abgewehrt und stets darauf hingewiesen, daß die Erregung in Spanien eine künstliche, vom Parteiinteresse angefachte sei. Das Wohlwollen gegen Spanien und die spanische Nation bildet den Grundton der deutschen öffentlichen Meinung bei Besprechung der Frage. Als Beispiel sei hier blos ein Artikel der Münchener „Allg. Ztg.," deren Unabhängigkeit und Objectivität dem Blatte eine verdiente Anerkennung als Interprete der deutschen öffentlichen Meinung verschafft hat, erwähnt:

„Zu allen Bedrängnissen, mit denen Spanien und seine Regierung zu kämpfen haben, ist nun noch eine neue, sehr ernste, die mit Deutschland wegen des Besitzrechtes auf die Carolinen-Inseln entstandene Verwicklung, hinzugekommen. In der deutschen Presse, und auch in der officiösen, wird diese Frage in einem für Spanien ungünstigen Sinne ausschließlich vom Rechtsstandpunkt aus erörtert. Derselbe ist ja unstreitig von schwerwiegender Bedeutung, aber allein von ihm aus ist die Sache doch nicht zu erledigen. Die Carolinen waren bis jetzt kein deutscher Besitz;

wenn Deutschland berechtigt ist, sie sich anzueignen, so ist es deßhalb doch noch nicht dazu verpflichtet, und es ist damit auch noch durchaus nicht bewiesen, das es wohl daran thue, sie für sich zu nehmen.“ ......

„Die Frage drängt sich daher jedem unbefangenen Urtheile auf, ob der Besitz der Carolinen-Inseln für Deutschland von solcher Wichtigkeit ist, um einem höchst peinlichen und jedenfalls doch auch von materiellen Nachtheilen begleiteten Bruch unseres freundschaftlichen Verhältnisses zu Spanien die Wage zu halten? Man hatte allen Grund zu glauben, und es wurde dies auch von berufener Seite ausdrücklich erklärt, daß eine Annäherung Deutschlands an Spanien sich durch wichtige handelspolitische Interessen empfehle, daß es ferner im politischen Interesse Deutschlands liege, Spanien nicht ganz dem Einflusse seines übermächtigen französischen Nachbars anheimfallen zu lassen, und daß es deshalb für Deutschland erwünscht sein müsse, dem König Alfonso, dessen Thron durch die unverkennbar von Frankreich aus, wenn auch nicht von dessen Regierung, unterstützte Agitation der republikanischen Partei bedroht sei, eine moralische Unterstützung darzubieten .....

„Falls aber die schließliche Entscheidung dahin ausfallen sollte, daß die freundschaftlichen Beziehungen Deutschlands zu Spanien des Besitzes der Carolinen-Inseln wegen aufzugeben seien, so wird es schwer werden, den Gedanken zu unterdrücken, daß die von deutscher Seite mit so viel Eifer betriebene Annäherung an jenes edle und unglückliche Volk besser unterblieben wäre. Es bedurfte wahrlich keiner Prophetengabe, um es vorherzusehen, daß die Freundschaft auf spanischer Seite der tiefsten Erbitterung Platz machen werde, sobald Deutschland seine Hand auf jene Inseln lege, die Spanien, ob nun mit Recht oder

Unrecht, seit langer Zeit als sein rechtmäßiges Eigenthum angesehen hat, und der von offiziöser deutscher Seite gegebene Hinweis auf die 1875 von dem Berliner Cabinet an das Madrider gerichtete, das Besitzrecht Spaniens auf die Karolinen bestreitende Note berechtigt zu dem Schlusse, daß schon damals die Besitzergreifung dieser Inseln als eine mögliche Eventualität der Zukunft von der deutschen Politik ins Auge gefaßt war. Wäre Deutschland gegenüber Spanien in dem kühleren, doch befriedigenden Verhältnisse geblieben, welches bis vor wenigen Jahren bestand, so würde der jetzige Conflict vielleicht weniger heftig, jedenfalls aber weniger peinlich sich gestaltet haben, und vor Allem könnte er nicht gegen den König Alfonso wegen seiner Deutschland bezeigten Freundschaft von den unversöhnlichen Gegnern seiner Dynastie und seines Thrones ausgebeutet werden, wie dies gegenwärtig bereits geschieht und in steigendem Maße geschehen wird. Da das letzte Wort in dieser Angelegenheit noch nicht gesprochen ist, so bleibt zwar freilich die allem Anschein nach sehr schwache Möglichkeit offen, daß die deutsche Regierung nach sorgfältiger Abwägung des Für und Wider es vorziehen werde, von der Besitznahme der Karolinen Abstand zu nehmen; aber selbst in diesem, für die zukünftigen Beziehungen zwischen Deutschland und Spanien günstigsten Falle wird es langer Zeit bedürfen, ehe die jenseits der Pyrenäen gegen das deutsche Volk erzeugten Gefühle der Verbitterung und des tief gekränkten Nationalstolzes sich legen und einer besseren Stimmung Raum geben werden."

Ob die Frage eine diplomatische Lösung finden, oder zum Kriege führen wird, läßt sich natürlich jetzt nicht voraussehen. Weicht die Regierung dem Anstürmen der Opposition und kommen die Liberalen ans Ruder, so ist eine republikanische Revolution in nächster Zukunft nicht wahrscheinlich und es wäre selbst möglich, daß sich die Dynastie Alfonso XII. im Lande dauernd festsetzt. Eine Allianz zwischen Spanien und Frankreich ist bei der gegenwärtigen internationalen Constellation eben so wenig zu erwarten, da die Franzosen eine eigene Scheu vor Choses d'Espagne haben und ihnen der transpyrenäische Verbündete nicht sehr zu imponiren scheint. Sollte die Monarchie endlich jetzt schon gestürzt werden, so werden die Republikaner soviel im eigenen Hause zu thun haben, daß sie gern einen billigen Ausgleich, wenn auch nach einem kurzen Kriege, anzunehmen geneigt sein werden.

Wie auch die Karolinenfrage schließlich gelöst werde, sie wird ohne Zweifel zu keinem Elsaß-Lothringen anschwellen. Sowohl Spanien wie Deutschland sind in hohem Maße an einer gegenseitigen Verständigung interessirt. In Italien, Frankreich und England kann Spanien keine wirksame Allianz finden und um nicht allein zu stehen, ist es auf diejenige Deutschlands angewiesen. Dieses kann ruhig warten, bis sich diese Ueberzeugung in Spanien siegreich Bahn bricht, denn gewisse Nothwendigkeiten drängen sich auf, trotz aller Halsstarrigkeit und trotz aller Voreingenommenheiten. Der Karolinenzwischenfall hat den Spaniern gezeigt, auf wie geringe Sympathien sie im Auslande rechnen können, wenn die Franzosen ihren Entrüstungsschreien zujubelten, so thaten sie das, darüber macht man sich nirgends Illusionen, aus Haß gegen Deutschland, Jubelrufe, die dort nicht unbeachtet geblieben sind. Die Karolinenangelegenheit ist ein Wink, sich zu entscheiden, ob man Freund oder Feind sein will, denn die sentimentalen Sympathieversicherungen ohne positive Vortheile dürften nicht im Stande sein, eine so klar blickende und praktische

Diplomatie, wie die deutsche, zu befriedigen. Die Spanier sehen sich gezwungen, sich für eine feste auswärtige Politik zu entscheiden, was ihnen bei ihrer Phrasenhaftigkeit und Vagheit, sobald sie über sich und ihr Verhältniß zum Auslande urtheilen sollen, etwas schwer fällt.

Die Gelegenheit ist günstig für Deutschland. Bismarck hat die Spanier an der wunden Stelle getroffen. Bei der gespannten internationalen Lage, wo tiefe Konflikte trotz aller Kaiserbegegnungen nur mit großer Mühe beschworen werden, ist es für Deutschland besser, zu wissen, daß es auf Spanien in keinem Falle rechnen kann, als im Augenblicke der Gefahr eine schwerwiegende Enttäuschung zu erfahren, wie sie 1870 Napoleon III. von Seiten Italiens erfuhr, welches dem gigantischen deutsch-französischen Ringen ohne Zweifel eine für Deutschland weniger günstige Wendung gegeben hätte. Die Enttäuschung wirkt in solchen entscheidenden Stunden wie der Anfang eines Krieges, niederschlagend und entmuthigend. Es ist daher besser, von vornherein zu wissen, daß man auf keine andere, als die eigene Kraft vertrauen darf.

Sollte der Zwischenfall diese Klärung bewirkt haben, so wäre das kein geringer Erfolg, selbst im Falle sich Spanien völlig zu Frankreich neigt, dann blieben Deutschland wenigstens die als Zwischenstationen im Stillen Ocean im Hinblick auf die baldige Vollendung des Panamákanales wichtigen Inseln. Die spanische Erbitterung, die in diesem Falle unvermeidlich ist, dürfte die Ruhe Deutschlands nicht stören. Die Entscheidung der Frage ist augenscheinlich den Spaniern selbst anheimgestellt; wollen sie Deutschlands Freundschaft, welche selbstverständlich für dieses nur gegen eine bestimmt formulirte Allianz, die vornehmlich den Zweck hat, die Möglichkeit eines kriegerischen

Vorgehen Frankreichs durch event. Aufstellung eines starken Beobachtungsheeres an den Pyrenäen oder dergl. zu erschweren, Werth hat, so ist es möglich, daß sie im Besitze der Inseln bleiben. Wollen sie dieselbe nicht, so verharrt Deutschland auf seiner, durch keine rechtsgültigen Titel spanischerseits bestreitbaren Besitzergreifung und die Spanier mögen ruhig in ihrer früheren Isolirung bleiben, oder sich bedingungslos Frankreich in die Arme werfen.

In einer ähnlichen Lage vor die Möglichkeit eines Conflictes mit dem von Deutschland sekundirten Oesterreich-Ungarn gestellt, hat das kluge Italien vorgezogen, sich mit den deutschen Kaiserreichen gutzustellen, trotzdem es sich dadurch die Ungnade der Pariser Boulevards zugezogen hat. Im wohl verstandenen Interesse beider betheiligten Länder ist es zu hoffen und zu erwarten, daß Spanien sich trotz allen patriotischen Rummels schließlich ebenso zu Gunsten der Nordmacht entscheiden werde. Außer den oben besprochenen positiven diplomatischen Vortheilen, die ihm die deutsche Allianz bringen würde, kommen in dieser Frage Momente in Betracht, die nicht politischer oder kommerzieller Natur sind, die aber außerordentlich große Wichtigkeit für Spanien haben und eine eingehende Besprechung verdienen, da sie weniger leicht zu übersehen sind und dem Auge fernstehender zu entgehen pflegen.

Jeder Deutsche, der das Ausland bereist hat, weiß, welchen Einfluß die politische Machtstellung des deutschen Reiches auf die Stellung deutscher Kunst und Wissenschaft im Auslande ausgeübt hat. In Rußland ebensogut, wie im anglo-sächsischen und spanisch-potugiesischen Amerika hat man seit 1870/71 begonnen, das Schaffen der deutschen Nation zu beachten und anzuerkennen und die deutsche Sprache wird seitdem auf der ganzen Welt mit unvergleichlich größerem Fleiße studirt. Diese Erscheinung ist eine zu natürliche, als daß sie Staunen erregte, hat doch auch die Politik Richelieu's einst der französischen Sprache zur Herrschaft verholfen. Man beachte indessen die Consequenzen dieser Thatsache und man wird anerkennen, welchen wohlthätigen indirekten Einfluß auf alle geistigen Gebiete Deutschlands die deutschen Siege über Frankreich haben. Die Anerkennung regt an; ein großes Publikum erweitert den Horizont des Redners und des Schriftstellers und ein wachsender Absatz im Buchhandel regt zu reicherem Schaffen in Literatur und Wissenschaft an. Wie zahlreiche bedeutende Werke können nur in Paris erscheinen, weil sie in der ganzen Welt ein Lesepublikum finden! Mag auch vorübergehend der Waffenlärm das Geistesschaffen beeinträchtigen, die Vermehrung der politischen Macht und Bedeutung theilt auch der Geistesthätigkeit einen lebhafteren Pulsschlag mit.

Die Spanier sollten diesen innigen Zusammenhang nicht aus dem Auge lassen. Sie sind kaum erst aus einer furchtbaren politischen und geistigen Lethargie erwacht und haben allen Grund, die nationalen Fibern auf alle mögliche Weise zu verdoppelter Thätigkeit anzuregen. Wenn ihre große Vergangenheit ihnen nicht das Wort redete, so wäre ihre Rolle im Völkerkongresse der Welt eine wenig hervorragende, denn in ihrem modernen geistigen Schaffen sind sie selbst schon vom halb-barbarischen Rußland überholt worden. Sie können die ihnen zustehende und vor wenigen Jahrhunderten von Frankreich an sich gerissene Hegemonie unter den lateinischen Nationen nur zurückerwerben, wenn sie alle Donquixoterien bei Seite lassen und klaren Blickes an die Wiedererlangung ihrer Großmachtstellung Hand anlegen.

Spanier und Franzosen trennt nicht allein die Rivalität in Marokko; sobald sich das moderne Spanien seiner großen Vergangenheit und der großen Mission besinnt, die der spanischen Nation in der Zukunft vorbehalten ist, muß es einsehen, daß sein heutiges Verhältniß zu Frankreich dasselbe entehrende und demüthigende des armen Polen zu Rußland ist. Seine Knechtschaft ist geistig und moralisch und darum nicht weniger eine Knechtschaft, als diejenige des unglücklichen Polens der Uebermacht der russischen Bayonette. Drei Generationen hindurch unter dem fürchterlichsten Drucke niedergebeugt, hat Polen seine Aspirationen um die slavische Hegemonie nicht einen Moment aufgegeben und ist der Verwirklichung seines großen Strebens heute näher, wie niemals. Und wer hilft ihm an diesem großen Werke? Das deutsche Kaiserreich Oesterreich, das der russischen Hochfluth von Osten durch einen festen Damm wehren muß. Das deutsche Kaiserhaus von der Habsburg errichtet die ruhmvolle Jagellonenuniversität in ihrem alten Glanze und ist pietätsvoll bemüht, die alte Krönungsstadt Krakau an ihre vergangene Pracht und Größe zu erinnern. Und was das deutsche Oesterreich Rußland gegenüber thut, sollte das nicht auch Deutschland thun können, um seine West-Mark gegen die Franzosen zu schützen?

Denjenigen, welche die Möglichkeit der spanischen Hegemonie über die lateinischen Nationen bezweifeln, würde ich empfehlen, nachzulesen, was Littré in seinen politischen Aufsätzen hierüber meint und die Meinung dieses bedeutenden Denkers und französischen Patrioten ist im vorliegenden Falle von großem Gewichte. Die Franzosen sind ein gealtertes Volk, das wohl die Eitelkeit des Alters, aber nicht mehr den Enthusiasmus der Jugend besitzt, wodurch allein Großes zu erreichen ist. Ihre Machtstellung hat 1870—1871 einen furchtbaren Schlag erhalten, der ihr Prestige in der Welt vielleicht für immer vernichtet hat. Die französische Literatur und Paris, das Lusthaus der Welt, sind es heute nur noch, wodurch Frankreich sich in den Augen der Welt vor den übrigen Nationen auszeichnet. Und selbst diese Titel seiner einstigen Suprematie, die ihm übrig geblieben, haben ihren früheren Werth verloren, seitdem die übrigen Nationen ihre eigenen Literaturen außerordentlich bereichert haben und zur Erkenntniß gelangt sind, daß mit der Pariser Literatur auch das Gift der Pariser Demi-monde in die unschuldigen Gemüther ihrer Frauen und Töchter geträufelt wird.

Der vermittelnde Genius der französischen Nation war nöthig, um dic Civilisation des Südens den nordischen Völkern mitzutheilen. Die Franzosen haben sich ihrer Culturmission auf bewunderungswürdige Weise entledigt, jetzt ist ihre Mission zu Ende. Ihre Amphibiennatur ohne ausgesprochenen Charakter kann keinen Vergleich mit der kräftigen Schönheit unverfälschten Germanenthums und der künstlerischen Harmonie und Anmuth des den Grazien gewidmeten Südens aushalten. Ihre Rolle in der europäischen Völkerentwicklung ist ausgespielt: heute zieht der Nordländer direkt in die Länder, wo die Zitronen blühn und aus dunklem Laub die Goldorangen glühn und lernt im Verkehre mit Italienern, Spaniern und Portugiesen frohen, schönen Lebensgenuß und entzückt und bildet sein Auge an den herrlichen Kunstschöpfungen des lateinischen Volksgenius. Und der Südländer braucht nicht mehr das Land der Mitte, um Achtung vor dem Ernste und der Tiefe der nordischen Volksseele zu erhalten.

Alle Momente vereinigen sich zu Gunsten der Spanier und zu Ungunsten der Franzosen.

Nach langem Schlummer ist Spanien verjüngt erwacht:

mit jugendlichem Enthusiasmus hat es sich zum Kämpfer für das Grundprinzip der modernen Völkerentwickelung, der Selbstbestimmung der Völker, gemacht, so daß auch von dieser Seite von der spanischen Hegemonie kein Nachtheil der Culturentwickelung zu befürchten ist. Während die Franzosen in alterndem Scepticismus spöttisch über ihre eigenen Bestrebungen lächeln, durchglüht die Spanier fast fanatischer Glaube an die modernen Ideale.

Die politische Emancipation ist der Beginn der geistigen Emancipation Spaniens und die Mithülfe Deutschlands ist dabei unentbehrlich. So sehr das auch die spanische Eigenliebe kränken möge, heute haben sie noch nicht die Kraft, ihr kleines Schifflein ungefährdet durch die hochgehenden Wogen der internationalen Politik zu steuern, ohne sich an eine Großmacht, dessen offensive und defensive Bundesgenossenschaft es vor Gefahren schützt, anzuschließen. Frankreich kann seine Emancipation nicht ehrlich wollen, ihm gegenüber bleibt Spanien stets die abhängige Schwester, sowohl politisch als intellectuell und künstlerisch. Deutschland tritt Spanien gegenüber als Unbetheiligter auf, dessen Interessen sich weder in Afrika, noch in Asien oder Amerika berühren, denn die Karolinenfrage betrifft durchaus keinerlei wesentliche deutsche Interessen. Die gemeinsame Gegnerschaft zu Frankreich verbindet Deutsche und Spanier inniger als alle Donquixoterien von Bluts- und Rassengemeinschaft, welche wohl von effekthaschenden Redekünstlern und Poeten, die in politischen Dingen nicht mitreden sollten, als Argumente für Alliancenbildungen genannt werden, aber nicht von ernsthaften Politikern, Publizisten und Staatsmännern vorgeführt werden dürfen. Man nehme nur die „feindlichen Brüder“ der Nationen, die Russen und Polen, Dänen und Schweden, Serben und Bulgaren, Portugiesen und Spanier 2c. 2c. und man wird begreifen, daß die Blut- und Rassenverwandtschaft vielmehr die Völker trennt und verfeindet, als sie einander nähert.

Und das mit vollem Recht: denn fast stets ist eines der „Brüdervölker“ in der Gefahr, vom andern absorbirt, oder bevormundet zu werden, wogegen sich gerechtfertigterweise Nationen, die stolz auf ihre Individualität und Unabhängigkeit sind, mit allen Kräften auflehnen. Die Nation, die das nicht thut, ist werth, daß ihre Individualität als solche verschwinde und in derjenigen des mächtigeren Bruders aufgehe. Dieses Schicksal kann selbstverständlich niemals die Spanier treffen, da sich eine Nation von nahezu 60 Millionen, wenn man das spanische Amerika, wie nothwendig, mitzählt, nicht so leicht absorbiren läßt und am wenigsten von einer alternden Nation, wie die französische.

Spanien kann das Verflachen seiner männlich kräftigen Nationalindividualität durch den corrumpirenden französischen Einfluß nur vermeiden, wenn es sich politisch und intellektuell völlig von Frankreich emancipirt und festen Schrittes die Allianz mit Deutschland schließt, dessen vitale Interessen, namentlich was der politische Antagonismus in Marokko und die Zurückgewinnung der lateinischen Hegemonie betrifft, durchaus in dieselbe Richtung streben. Durch eine enge Beziehung mit der deutschen Nation kann dagegen Spanien in keiner Weise seine Volkseigenthümlichkeit verlieren, da die beiden Volksseelen zu heterogen sind, um sich soweit zu beeinflussen, daß eine derselben eine Einbuße in ihrer Originalität erleiden könnte.

Deutschland seinerseits sehe sich genügend entschädigt, wenn es dem revanchesüchtigen Frankreich die Offensive durch die Aufstellung einer spanischen Armee an den

Pyrenäen erschwert sehe und an Stelle der Ueberschwemmung mit Pariser Büchern allmählig die gesunde Kost der spanischen Literatur trete und das Interesse des deutschen Publikums sich von den Ufern der Seine an den stillen unscheinbaren Manzanares begiebt. Man möge in Deutschland überzeugt sein, daß der Tausch ein ungemein vortheilhafter wäre, denn Spanien ist noch immer ein großes und schönes Land, welches dem Künstler und Poeten unvergleichlich mehr bietet als das nüchterne Frankreich und welches noch eine beneidenswerthe Moralität und Schlichtheit in Sitten, Gebräuchen und im Familienleben bewahrt hat. Kann es auch heute nicht mit Frankreich in den Wissenschaften rivalisiren, so wird es darin zur Genüge von Deutschland ergänzt. Ueberhaupt sind kaum zwei Völker auf der Welt so für eine innige Allianz prädisponirt, wie Spanier und Deutsche, da sie sich gegenseitig in ihren Vorzügen und Fehlern vorzüglich ergänzen.

Diese Verknüpfung deutscher und spanischer Interessen ist eine kulturhistorische Nothwendigkeit, sie muß ihre Förderung durch die Politik der resp. Nationen erhalten, da früher oder später auf beiden Seiten die Allianz gefordert werden wird. Der Zwischenfall mit den Karolinen-Inseln kann auf keine Weise ein dauerndes Mißtrauen zwischen beide Nationen streuen, auch wenn er mit der Abtretung einiger der zahlreichen Inseln an Deutschland endigen sollte, was eben die für das spanische Nationalbewußtsein ungünstigste Lösung wäre, da der Zweck Deutschlands, welches auf den Karolinen Etappen für seine Schiffe im Stillen Ozean suchte, völlig erreicht wäre, wenn Spanien ihm einige Häfen zu Kohlenstationen einräumt, ohne seine Souveränität aufzugeben, wie es unlängst in Fernando Pó gethan. Die Haltung der deutschen Diplomatie und Presse ist während der schwebenden Verhandlungen so zuvorkommend gewesen, daß die künstlich erregten, vorwiegend parteipolitischen Impulsen entsprechenden anti-deutschen Demonstrationen keinen nachhaltigen Einfluß auf die internationalen Beziehungen der beiden Staaten ausüben dürften. Die Demonstrationen galten dem konservativen Ministerium und vornehmlich der Dynastie Alfonso XII.

Wie lange die gegen das gegenwärtige Regiment brandenden Wogen zurückgedämmt werden können, ist unmöglich vorauszusehen: jedes unvorhergesehene Ereigniß, das die Massen in Erregung bringt, kann den Sturz der Bourbonen herbeiführen, doch ist es andererseits durchaus möglich, daß Alfonso XII. auf seinem Throne alt werde und ihn befestigt seiner Tochter oder seinem noch nicht geborenen Sohne vererbt. Man erinnere sich, wie gründliche Kenner ihrer Nationen, Karl Marx und Alexander Herzen, auch ihrerzeit Revolutionen in Deutschland und Rußland vorhergesagt haben und zu Grabe steigen mußten, ohne die Erfüllung ihres Wunsches erlebt zu haben. Wer aufrichtig das Wohl einer Nation wünscht, wird stets eine, wenn auch langsame Entwickelung, einer revolutionären Erschütterung vorziehen, nur die Stagnation rechtfertigt eine Revolution. Namentlich möge Spanien von einer Wiederholung der Ereignisse von 1868—74 verschont bleiben, da der Karlismus und Kantonalismus noch fast ebenso mächtig wie damals sind und das schöne Land mit Leichen und Ruinen bedecken würden.

Was das Schicksal auch bestimmt haben möge, die Differenzen zwischen Republikanern und Monarchisten Spaniens sollten von Deutschland mit unparteiischem Blicke verfolgt werden, ohne daß seine Diplomatie und Presse sich für oder gegen eine der streitenden Parteien erklärt, denn den Interessen der deutschen Nation können ebensogut die Republikaner, wie die Monarchisten entgegenkommen und die ersteren sind dazu noch eher befähigt, da ihnen nicht vorgeworfen werden kann, daß sie von dynastischen Beweggründen geleitet, die Freundschaft mit dem Hohenzollern-Königreiche eingegangen seien. Damit soll durchaus nicht verschwiegen werden, daß die Republik im Beginne ohne Zweifel mit bluts- und rassenverwandtschaftlicher Sentimentalität der französischen Nachbarin in die Arme stürzen wird, doch ebenso liegt außer allem Zweifel, daß das stolze selbstbewußte Spanien nicht dauernd die Rolle der bevormundeten jüngeren Schwester spielen kann und sehr bald bluts- und rassenverwandtschaftliche Streitigkeiten entstehen müssen, über welchen alle Karolinen und Mariannen vergessen werden.

Zeitfracht Medien GmbH
Ferdinand-Jühlke-Straße 7
99095 Erfurt, Deutschland
produktsicherheit@kolibri360.de